Júlio Bernardo

A MÃO QUE BALANÇA O COPO

DRINQUES FÁCEIS PARA DIAS DIFÍCEIS

REALEJO
LIVROS & EDIÇÕES

DEDICADO

à saudosa memória de Dani Garuti, aquela que se esquece do texto logo após tê-lo lido.
Não se chora sobre o drinque derramado.

NA REALIDADE

"Na realidade, basta um drinque pra me deixar mal. Mas nunca sei se é o 13º ou o 14º."

George Burns

SUMÁRIO

Prefácio	09
Vamos passar a flanelinha	17
Primeiros socorros	21
Pingateca	23
Ferramentas de trabalho	29
Gelo	31
Abrindo os trabalhos	33

OS ESQUECIDOS

Adonis	37
Bamboo Cocktail	39
Last Word	41
Old Hickory Cocktail	43
Toronto Cocktail	45
Sazerac	47
Derby Cocktail	49

NOVOS CLÁSSICOS TRISTEZA

Bitter Giuseppe	53
Fitzgerald	55
Angostura Fizz	57
Peychoussauro	59
Jerezana	61
Il Carrello degli Amari	63
Carré Nouveau	65

AUTORAIS

Haraguchi Dream	69
Lula Libre	71
Tião Collins #2	73
Cachasour	75
Kurosour	77
Poison	79
Tangebrina	81
Charm	83
London Collins	85
Dark Rum	87
New Yorke Sour	89

AS BRASILEIRINHAS

Caipirinha	93
Rabo de Galo	95
Pinga com Limão	97
Campari Tônica	99

DRINQUES DE PISCINA

Between the Sheets	113
Gimlet	115
Planters Punch	117
Jerez Tônica	119

FAMIGLIA NEGRONI

Negroni	103
Negroni Del Professore	105
Negroni Firmeza	107
White Negroni	109

CLÁSSICO É CLÁSSICO E VICE-VERSA

Old Fashioned	123
Dry Martini	125
Manhattan	127
Tom Collins	129
Daiquiri	131

AGRADECIMENTOS 133

PREFÁCIO
Quinta-feira, 30 de agosto de 2018.

A saber: escrevo este prefácio numa ressaca da Bósnia, sinto-me com dengue. E há zero motivo para me envergonhar disso. A ressaca é parte do preço que se paga pelo álcool, são os 10% não facultativos do fígado e a gente já deveria contar com ela de saída. Se, por um lado, ela é inevitável, por outro, é domável. Assim como com pimenta, você não anula o efeito, mas aprende a dominá-lo e, em algum momento, vira até prazeroso: o costume leva à maestria.

Não raro me perguntam o que faz alguém entender de drinques (e de comida). A resposta nunca muda: beber (e comer) muito. Isso para entender. Já para ser uma referência no assunto, é preciso comer e beber muito, muito mais que os outros. Um homem sem ressaca é um homem sem história.

Eu conheci Júlio Bernardo em 2010. Ele ainda não tinha chegado aos 40, mas certamente já passava dos cem (quilos). Naquela época, ainda não dava para prever o hit que se tornaria – o sucesso era mais do blog Boteco Do JB do que dele próprio. Era o único domínio aonde os chefs iam comentar e reclamar. Gostassem ou não, era inegável a importância de uma figura maldita num cenário gastronômico que só sabia adular e ser adulado. Alguém precisava falar mal.

Mas o que nos conectou, logo de cara, não foi o conhecimento que o outro tinha sobre bebida: foi a quantidade homérica de álcool que se ingeriu na primeira noite. Eu não tinha amigos com quem dividir uma garrafa inteira de gim – e continuei não tendo, já que bebemos uma cada um.

Depois disso, tivemos outros lindos embates. Eu já capotei na rede do primeiro Edifício Tristeza (em Pinheiros); ele já capotou no meu sofá (e deixou uma lindíssima carta ilegível na manhã seguinte, antes de ir embora, deixar a porta aberta e, com isso, fazer minha gata fugir de casa).

Tolo é aquele que se orgulha de não ficar bêbado. Este coitado desconhece a delícia do porre, da gafe e da intimidade. A bebida é um descongestionante social e também uma caneta grifa-texto no caráter do cidadão. É ali, na falta de filtro, que elegemos quem deve ou não continuar na nossa vida.

Curiosamente, um dos meus cronistas favoritos é outro JB alcoólatra: o inglês Jeffrey Bernard, que escrevia a espetacular coluna "Low Life" da revista Spectator. Bernard era daqueles que não dormia, apenas acordava, o chão da casa coberto por metades de laranjas que ele usara para misturar na vodca. A perna amputada por conta da diabetes o obrigava a, ou deixar as laranjas às moscas por dias, ou contar com a ajuda de alguém que, por vezes, ainda tinha que lhe emprestar algum dinheiro. Resumindo: dava trabalho. Júlio Bernardo é bebedor (e bêbado) profissional, nunca me deu uma pataquada dessas.

A lista de semelhanças ainda segue incrível: nome, profissão, alcoolismo, diabetes, facilidade de perder um passaporte, delicadeza no trato com as mulheres, a infinitude de inimigos e, mais do que tudo, o domínio da arte de ser um escritor maldito. E é urgente que tenhamos este tipo entre nossos escritores de comida e bebida. Dois dos maiores malditos da gastronomia (AA Gill e Jonathan Gold) morreram nos últimos dois anos e já fazem uma falta brutal. Sabiam xingar e ser xingados, construíam e destruíam reputações no prazo de um parágrafo. Esta é uma gente com quem não se deve brigar, mesmo discordando. Pode-se amar e pode-se odiar.
Porque o ódio é uma forma de amor, de se conectar com o outro, de torná-lo parte da sua paz ou falta dela.

O Júlio, que a gente lê por esta tipologia de amor, é uma tonelada de personalidade literária e idoneidade consigo mesmo, há que se respeitar. Sorte nossa que não somos alvo, mas espectadores.

Num dos obituários de Jeffrey Bernard, sua coluna foi descrita como "uma carta de suicídio em fascículos semanais". Júlio também sempre achou que estava perto da morte – e, por Deus, ele é péssimo de previsões. Se e quando morrer, vai ser um daqueles caras com muito mais gente que diz tê-lo conhecido do que de fato ele conheceu. Talvez, compartilhar num livro as receitas de que mais gosta seja uma maneira generosa de antecipar a herança pros filhos que ele não tem e que talvez nunca conhecerão o pai pessoalmente.

A coquetelaria passa por um momento curioso no Brasil, como o que aconteceu com o vinho há uns 10 ou 15 anos: tem muita gente bebendo e pouca gente entendendo. Tá cheio de bebedor de Negroni dando palestra sobre gelão na firma, no dia seguinte. A vantagem é que na coquetelaria, ao contrário do mundo do vinho, isso (ainda) não é um problema, porque não há a pompa do porre inteligente, dos aromas terciários, da gravata. É o clássico do "muita regra para se divertir".

Mas se não é necessário entender de pinga para se beber bem, é imprescindível que haja um ou dois que nos digam o que e como. Quando nos mandam ouvir os conselhos dos mais velhos, a lógica está na experiência, principalmente, do erro. A longa estrada te faz saber mais onde não pisar. Júlio deve ter bebido muito mal para poder compartilhar só aquilo que lhe fez bem. O que se encontra neste livro é um guia fácil para se beber sem masturbação ou conta-gotas, em casa, com a sua música e os seus eleitos: é um dos melhores cenários possíveis. E é certeiro. Com um ou dois dias de prática, vira o motivo perfeito para não sair de casa. O bolso agradece, o fígado idem.
E isso nos leva a outra grande diferença entre os dois JB's.

O nosso não ingere quantidades colossais de vodca com laranja, só pela necessidade do porre: ele bebe bem. Beber muito não implica beber com qualidade. Mas beber muito e com qualidade implica erudição. As noites no balcão do Edifício Tristeza são uma enxurrada de boa coquetelaria e, quando não sobra mais disposição para chacoalhar um par de Boston, jorram doses de qualidade pouco vista nestes arredores. É engraçado porque, um a um, os convidados vão chegando – alguns são convidados no meio da noite – e, um a um, também vão partindo. No fim da noite (início do dia), naquele balcão cuidadosamente construído dentro do quarto, os bebedores vão chegando e vão caindo. Sobra o anfitrião, convenientemente a três passos da própria cama. Naquele balcão, bebe-se bem, bebe-se muito, bebe-se muito bem.

Boa ressaca a todos.

Danilo Nakamura

AQUI NÃO TEM MIXOLOGISTA

VAMOS PASSAR A FLANELINHA

Júlio. Vamos fazer um glossário, com todos os drinques que aparecem no livro? – Me perguntou Zé Luiz Tahan, grande livreiro santista, que teve a moral de lançar Edifício Tristeza, outro tremendo fracasso editorial contemporâneo, publicado um pouco antes deste, curiosamente lançado pelo mesmo mano. Tem gente que nunca aprende...

Na real, ele até se deu ao trabalho de fazer uma listinha com as tais bebidas que comporiam o tal glossário. A analisei e cheguei à débil conclusão de que a mesma seria boa partida pra mais um livro, dessa vez com receitas de drinks como base.
Mesmo que ninguém esteja muito interessado no meu texto, acho que, enquanto houver espaço editorial para publicações de Antônio Prata, eu seguirei no ramo com a consciência quase tranquila.

Além do mais, as receitas funcionam mesmo e refletem a mais cristalina expressão da verdade, já que tudo neste livro foi incansavelmente replicado para os - poucos - convidados que vêm beber em casa.
Inclusive alguns deles são bem melhores que eu e tiveram a generosidade de compartilhar algumas receitas, pra bagaça ficar um pouco mais interessante e dinâmica, já que trago com este a enorme pretensão de fugir um pouco do lugar comum dos livros do gênero.

A ideia aqui é escrever para o bebedor comum, aquele que pensa em montar um bar em casa, como assim o fiz. Até porque sei que não teria a menor competência técnica em escrever para bartenders e existe vasto material sobre o assunto, embora pouca coisa em língua portuguesa.
As chapas pouca produção têm e foram batidas pelo grande amigo Rodrigo Macedo por aqui mesmo, já que não faria o menor sentido ir para um estúdio. Um adendo: as fotos ficaram do caralho e, para antigos, como eu, que transam livros bonitões, essa é a parte mais legal da publicação. Só pelo trampo do Rodrigo, já vale.

A generosa apresentação do muso Danilo Nakamura é o melhor texto deste escrito. De maneira que, se você prosseguir a leitura, é sinal que as receitas lhe interessam mesmo, o que não é de todo mal.

Isso posto, tomo a liberdade de pedir um troço: Sujou, limpou. Porque o fato de sermos amadores não nos transforma em porquinhos selvagens arrombados. Então, pode passar a flanelinha na sua bancada que já vamos começar.

Meu bar, sua casa.

PRIMEIROS SOCORROS

Uma das perguntas que mais me fazem é: quais são as bebidas necessárias pra começar um bar? Acontece que a resposta é muito complexa para dar em uma mídia social, inclusive esse é um dos motivos pelos quais existe este livro.
Sem contar que depende muito do gosto pessoal do bebedor, esse que por tantas vezes nem se conhece o suficiente pra saber do que gosta de fato. E não tem problema nenhum nisso. Desenvolver identidade pessoal para bebidas é questão de milhas e litros. O mais importante nesse ébrio percurso a ser seguido é aprender a pensar com a própria cabeça, sem pagar pau para o amiguinho caga-regras que bebe Negroni diariamente, mesmo quando estamos sob implacável sol camusiano de 40 graus.
Mas, tentando responder às tão frequentes perguntas, escrevo logo abaixo uma pingateca básica para os bebuns começarem a fazer drinques. Porém antes, ainda neste parágrafo, duas pertinentes observações:

1) Embora o primeiro investimento seja considerável, depois, em princípio, é só manter o estoque regular ativado e é aí que beber em casa se torna melhor e mais em conta que no novo bar coxipster na esquina mais próxima. Claro que, conforme o vício e a obsessão te dominarem, o jogo pode ficar cada vez mais caro, o que é meu caso. Costumo dizer que nenhum bar no país tem bebidas tão legais quanto as mantidas em meu balcão. Mas logo adiante voltaremos a esse tema.

2) Repare que transcrevo algumas bebidas iniciais antes de passar a óbvia lista de utensílios, o que só denota o amadorismo do livro.
Então, ao que interessa...

PINGATECA

RUM BRANCO

Já disse que sempre é pessoal, por isso comecei com essa bebida não tão cara e condutora de um dos meus drinques preferidos, o Daiquiri, esse que por sua vez também pode ser feito com rum envelhecido. Aliás, há inúmeras versões, porém aconselho que se domine o clássico, antes de tudo. Não pular etapas é fundamental. Quando se trapaceia no jogo, quem perde é você, que sabe o que fez.

GIM

Olha, se tiver condições, pode até comprar duas garrafas, pois essa base se usa bastante, pelo menos aqui em casa. De preferência, um London Dry e outro mais floral, para diferentes tipos de cocktails. No decorrer do livro, darei a letra de alguns bons rótulos possíveis na maior parte das receitas.

CACHAÇA

Essencial ter um dos poucos spirits que fazemos com extrema excelência no Brasil, senão o único. Para cocktails, cachaça branca e sem resíduo, sem defeito. Fuja das amarelinhas e das industrializadas. Garimpe o alambique mais próximo de você, vale a pena. Sem contar que é um dos itens mais em conta, com o melhor custo benefício. Boa cachaça salva. Aleluia?

BOURBON

Manja aquela garrafa de Jack Daniel's que tá encostada ali naquela prateleira adolescente no canto direito da sala? Então, use o conteúdo pra fazer calda de bolo, que fica ótimo. Agora trate de comprar um Bourbon que presta, pois você dele precisará, se quiser seguir boa parte das receitas desse livro. Ah, Júlio. Mas qual "Bourbon que presta"? Ressalto que darei a letra de alguns rótulos legais, conforme se desenrola o livro. Se o orçamento permitir, uma garrafa de Rye também é muito bem-vinda.

VERMOUTH

Seco e Rosso. Usa-se bastante e, uma vez a garrafa aberta, deve-se guardar bem tampadinho na geladeira, para não oxidar. E não espere dar tempo das garrafas aniversariarem, caralho.

BITTERS

O que se encontra no Brasil com certa facilidade é a Angostura, pelo menos até o exato momento em que este livro está sendo escrito. Compre, aprenda a domá-lo e só depois passe para os outros.

AÇÚCAR

Não é alcoólico, mas é digno de nota. Em cubos, demerara, refinado e também em forma de xarope, que aliás é a primeira receita do livro.

XAROPE DE AÇÚCAR

Existem outras receitas com proporções diferentes, a minha é esta. Na sua você vai chegar com a prática, na medida em que descobrir a diluição que quer no seu drinque. Repare que escrevo sobre a qualidade da água. Afinal, nem seu pior inimigo merece beber água de rio sujo no copo que você servirá. Até porque sei que não dará esse motivo pra falarem mal de ti. Apronte coisas piores, não queime seu filme por tão pouco.

Ingredientes
1 kg de açúcar refinado
½ litro de água mineral

Modo de fazer
Panela fria, fogo baixo. Primeiro a água, depois o açúcar, pra não se transformar num caramelo. Mexa com um fouet pra aerar. Na falta dele, colher de pau funciona. Não fica tão bom, mas resolve. E apenas no começo, pro açúcar não grudar no fundo da panela. Depois pode deixar que o fogo trabalha por ti, fique tranquilo. Meia horinha e pronto. Espera esfriar, engarrafa naquela garrafa de Jack Daniel's cujo conteúdo você usou naquela calda de bolo que nem ficou tão bom, mas pelo menos sobrou a garrafa, essa que espero que tenha lavado. Favor conservar na geladeira.

Esse é um princípio razoável. O meio e o fim você que vai definir, faça a sua história. Eu só sou aquela mosca de bar que seguirá palpitando nas páginas seguintes. Use as dicas como quiser, claro que pretendo ser útil.

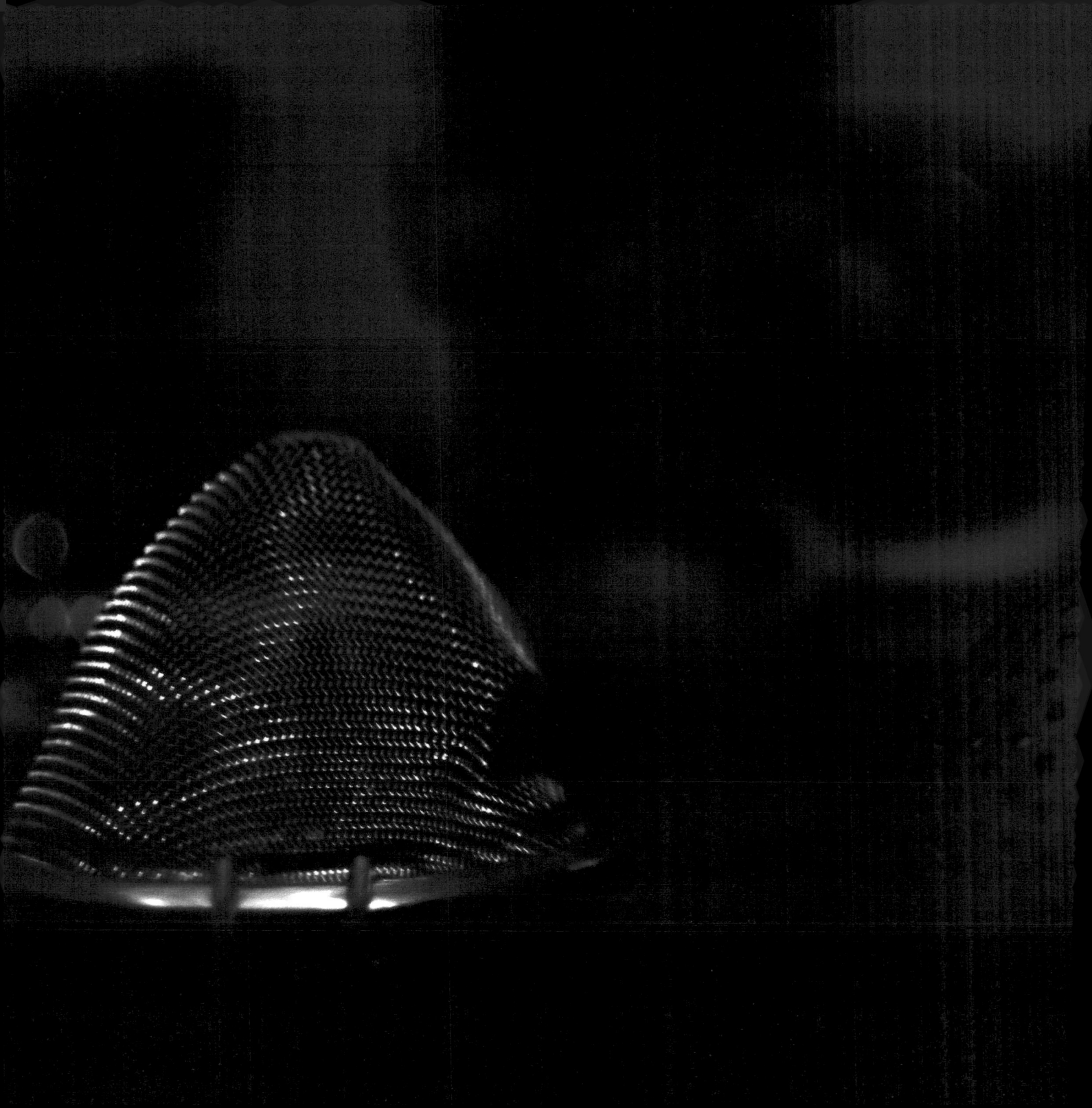

FERRAMENTAS
DE TRABALHO

Aqui vai uma pequena lista de tranqueiras necessárias pra seguir as receitas do livro. Claro que se você quiser pagar de MacGyver e improvisar, é por sua conta e risco. Lembrando que quanto mais itens, mais ágil será seu serviço. E ninguém quer que você contamine o vermouth no dosador que acabou de ser usado com cachaça, creia-me.

· Coqueteleira Boston (ou dois copos grandes, se insistir em fazer o MacGyver)
· Mixing Glass (vulgo copo grande pra misturar as bebidas. Lojas especializadas vendem versões adequadas)
· Dosadores
· Bailarinas
· Peneira
· Strainer (vulgo coador pra drinks)
· Refrigerador com congelador
· Formas de gelo de silicone
· Socador
· Espremedor
· Copos longos, curtos e taças de tudo o quanto é tipo
· Som valvulado com vitrola decente e alguns discos antigos do Zé Rodrix
· Boa luz amarela e regulável
· 1 balcão de bar no quarto desenhado por você e um marceneiro firmeza (esse último não é obrigatório, mas assim o fiz e me divirto pacas com o acessório de luxo. Cadeiras altas projetadas sob medida para obesos mórbidos acompanharem a ostentação)

Pra aprender a otimizar o uso dos utensílios recomendo um pouco de Youtube e muito treino, pra melhorar sua técnica.

GELO

Qual é a diluição que você quer no seu drinque? Eu quero controlar a mesma na batida da coqueteleira, na mexida do mixing glass, no processo de feitura do cocktail, jamais ficar na dependência de gelo quebradiço.

Outra coisa. Curte gosto de cloro na sua bebida, mesmo que seja um mero copo de whisky com gelo? Eu, não. Portanto a primeira recomendação é usar água de qualidade, de preferência fervida por duas vezes e resfriada, antes de congelada.
Simplificando geral, indico: pra coqueteleira e mixing glass, gelos feitos em formas médias de silicone. Esse mesmo gelo serve pra alguns drinques montados, como os Collins.

Já o gelão translúcido pode ser feito num tupperware simplão e depois cortado com uma serra ou até mesmo boa faca de pão. Se você achar que é muito trampo, formas maiores de silicone estão aí pra te dar menos trabalho. Não fica tão bonito, mas resolve bem a parada. E, se alguém te falar que tá feio, responda que é rústico. Hoje em dia, dependendo da cidade onde se mora, até fornecedor de gelo translúcido já tem..

ABRINDO OS TRABALHOS

Só o fato de ouvir menos a frase que intitula esse capítulo já seria o suficiente pra abrir um bar em casa. Mas tem mais.
Na minha casa tem a luz, o som e as pessoas que quero. A chance de um chato de balcão colar na minha é zero, assim como não rola hip hop 90's, nem luz de sorveteria, etc.
Claro que você pode e deve adaptar a trambolhada toda ao seu gosto pessoal.
Eu mesmo tenho uma luminária com luz branca que uso para ler e enxergar alguns discos.
Como não sou homem de dois ou três drinques, as contas nos bares são sempre caras e, raras exceções, não valem a pena. Uma vez feita uma boa compra inicial de bebidas, é só manter o bar abastecido e economizar um bocado, além de beber melhor. Muitos insumos classudos são muito caros ou simplesmente não chegam no Brasil, tornando alguns drinques inviáveis.
Quer dizer, inviáveis para os bares, já que na sua casa você tem o que quiser. Uma ou duas viagens são suficientes pra dar aquela bela turbinada no seu bar. Amigos viajantes e generosos também ajudam um bocado.
E você pode retribuir a gentileza com drinques exclusivos.
Claro que cada caso é um caso mas o tempo, a dureza e a impaciência fizeram com que eu desenvolvesse um bar no meu quarto, que alguns chamam maliciosamente de abartedouro. Balcão e bancos projetados por mim e por um marceneiro firmeza, frigobar, som valvulado, vitrola, rede, a porra toda.
Não precisa de tudo isso, o importante é que você se sinta bem para beber direito e receber os seus eleitos. Eu fiz um pequeno Frankenstein com minha cara, mas tenho certeza de que você chegará na sua própria fórmula.
Adiante.

OS ESQUECIDOS

Uma das orientações que dei ao pessoal do bar em que prestei consultoria aqui na vizinhança – necessário dizer que aceitei esse trabalho mais para ter uma boa alternativa para quando não quiser fazer meus próprios drinques – foi a de não atender jornalistas do segmento, por razões óbvias. Esses aí não entendem porra nenhuma. Raríssimas exceções, só querem saber de furos estúpidos e caem em qualquer estorinha.

Acontece que a única coisa que não se muda em um negócio é a cabeça dos donos e a carta de cocktails, elaborada a partir de belíssimos forgotten classics, foi transformada por uma repórter de famigerado jornal vespertino em título de filme de suspense meia boca, Os Esquecidos. Deixou a impressão de que os copos eram largados na sarjeta do Edifício Copan, para os cachorros darem aquela mijadinha esperta. Mas, como o melhor humor quase sempre é o involuntário, ri muito com essa história. Me diverti tanto que homenageio agora o capítulo de Forgotten Classics – que na verdade são drinques menos conhecidos, em boa parte inventados na época da Lei Seca – com o título logo acima. Vemnimim, Julianne Moore!

ADONIS

Sexo é bom, mas abrir o livro com essa receita...

INGREDIENTES

60ml Jerez Fino

30ml Vermouth Antica Formula

2 dashes Bitter de laranja Regan's n° 6

MODO DE FAZER

Despejar todos ingredientes no Mixing Glass previamente gelado. Acrescentar gelo, mexer e servir na taça coupe gelada.

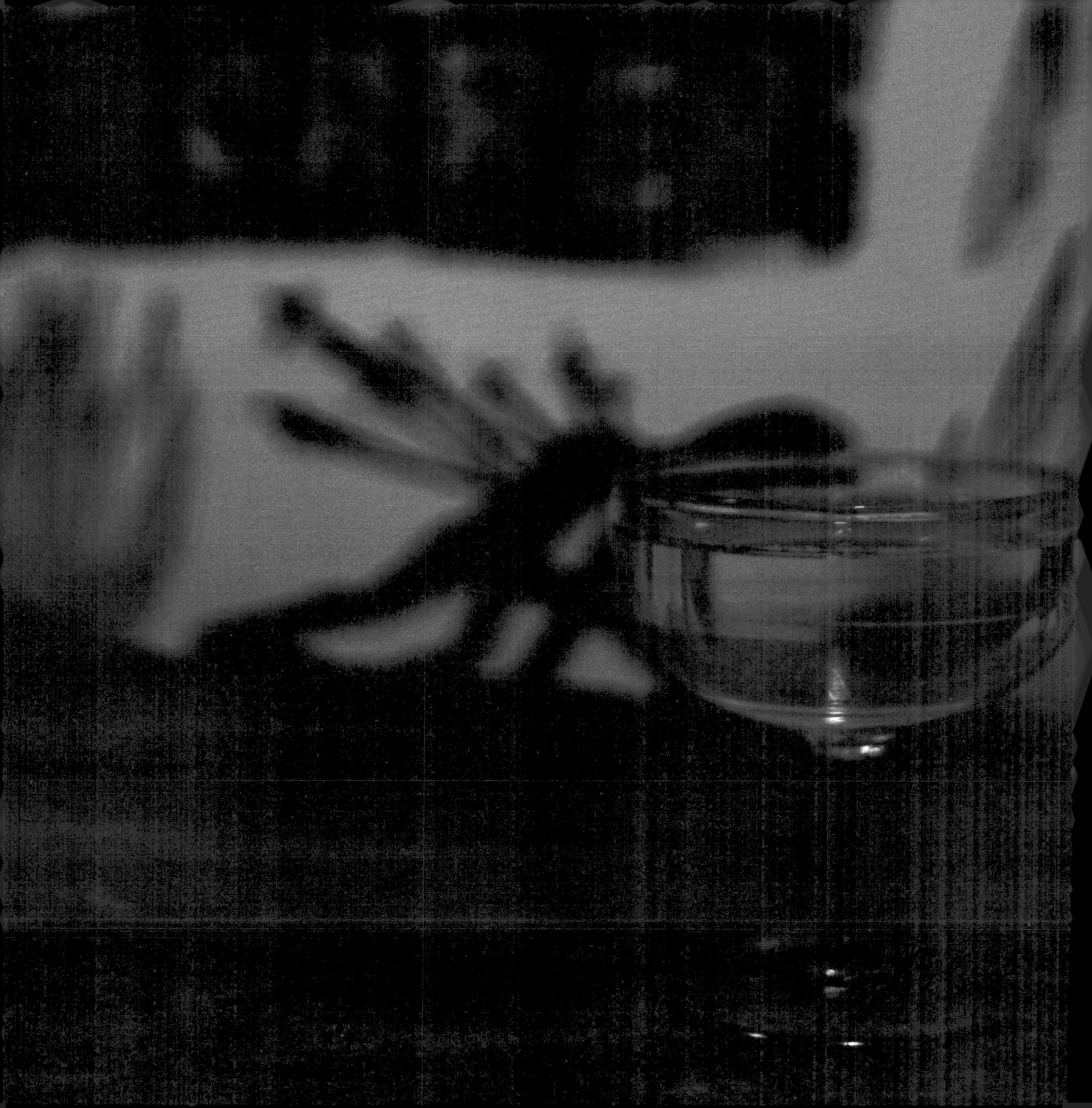

BAMBOO COCKTAIL

Existe mais de uma dezena de variáveis pra essa receita. Eis a minha. Aliás, Sílvio, por gentileza, onde vai o bambu?

INGREDIENTES

70ml Jerez Fino
20ml Vermouth Rouge Dolin
20ml Vermouth Seco Dolin
1 dash Bitter de Pêssego

MODO DE FAZER

Dispor todos os ingredientes no Mixing Glass previamente gelado + gelo. Mexer com a bailarina e despejar na taça coupe gelada.

LAST WORD

Eis aqui um forgotten que eu nunca gostei muito. Quer dizer, isso até a amiga e talentosa bartender Michelly Rossi me apresentar sua versão na qual a clara de ovo equilibra o Chartreuse. Ei-la...

INGREDIENTES

- 20ml Gin Beefeater
- 20ml Chartreuse
- 20ml Luxardo
- 20ml suco de limão siciliano
- 15ml clara de ovo pasteurizada (em casa uso uma clara de ovo branco médio)
- casca de limão siciliano

MODO DE FAZER

Colocar tudo na coqueteleira, acrescentar gelo e bater por uns 10 segundos com gosto. Fazer dupla coagem (strainer e peneira) e despejar numa taça legal previamente gelada. Torcer a casca do limão siciliano sobre o líquido, pra cair certas gotas do óleo considerado essencial por tantos e usar a mesma casca praquele twist esperto, por razões de sustentabilidade.

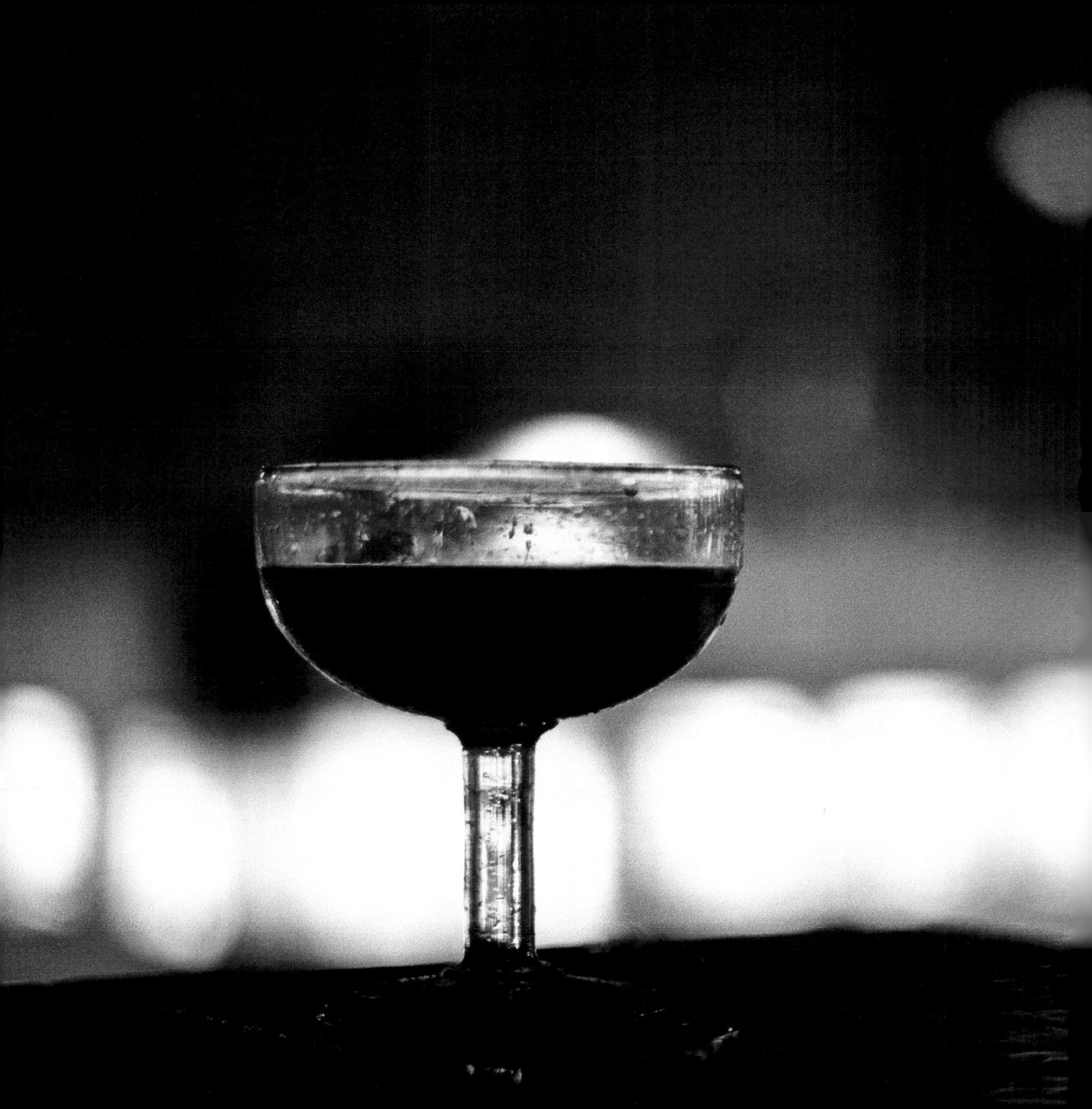

OLD HICKORY COCKTAIL

Eis aqui uma verdadeira preferência. Como é bom essa porra, puta que pariu. Inclusive compartilho aqui a minha versão da receita, que aumenta um pouco as proporções.
Até porque se fosse pra seguir tudo direitinho conforme as leituras mais clássicas, você não teria adquirido este livro.

INGREDIENTES

60ml Vermouth Rouge Dolin

60ml Vermouth Seco Dolin

4 dashes Peychaud's Bitter

3 dashes Bitter de laranja Regan's n°6

MODO DE FAZER

Dispor gelo e todos os ingredientes no Mixing Glass previamente gelado e mexer com carinho. Servir na taça mais bonita que você tiver previamente gelada e mandar bala. Se me convidar, se prepare para o prejuízo certo, porque eu tomo pelo menos 12.

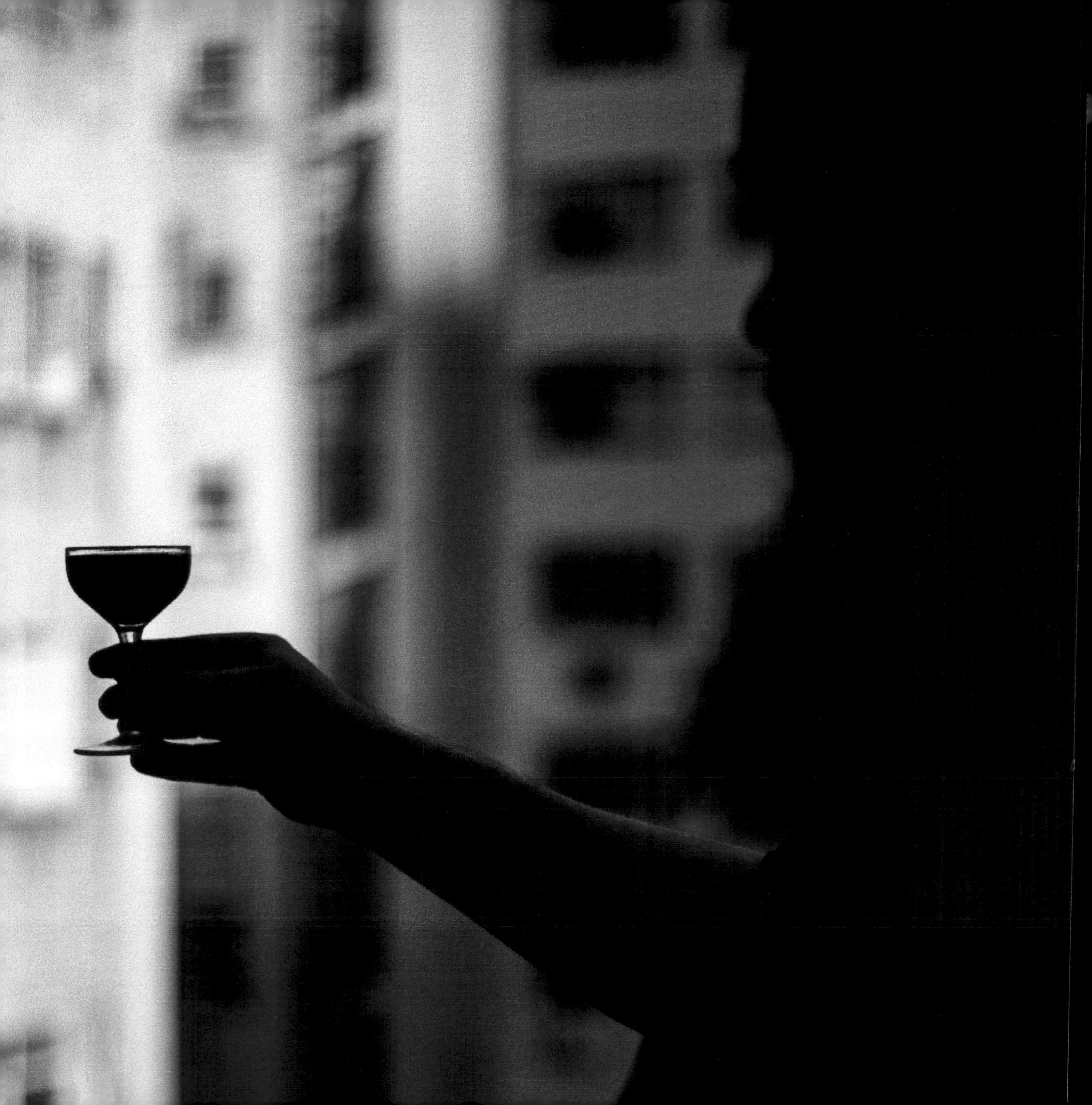

TORONTO COCKTAIL

Uma boa amiga costuma vir em casa apenas pra beber esse, que faço com o maior prazer e inclusive a acompanho.

INGREDIENTES

60ml Michter's Straight Rye
20ml Fernet Branca
2 dashes Angostura Bitter
15ml xarope de açúcar
3 gotas de solução salina (15gr de sal refinado pra 100ml de água potável. Só misturar, não é necessário ir pro fogo)

MODO DE FAZER

Dispor no Mixing Glass gelado: Rye, Fernet, xarope e Angostura. Acrescentar gelo e mexer por uns 20 segundos, pra diluir bem. Dispor sobre copão baixo previamente gelado e colocar um gelão. Finalizar com a solução e servir.

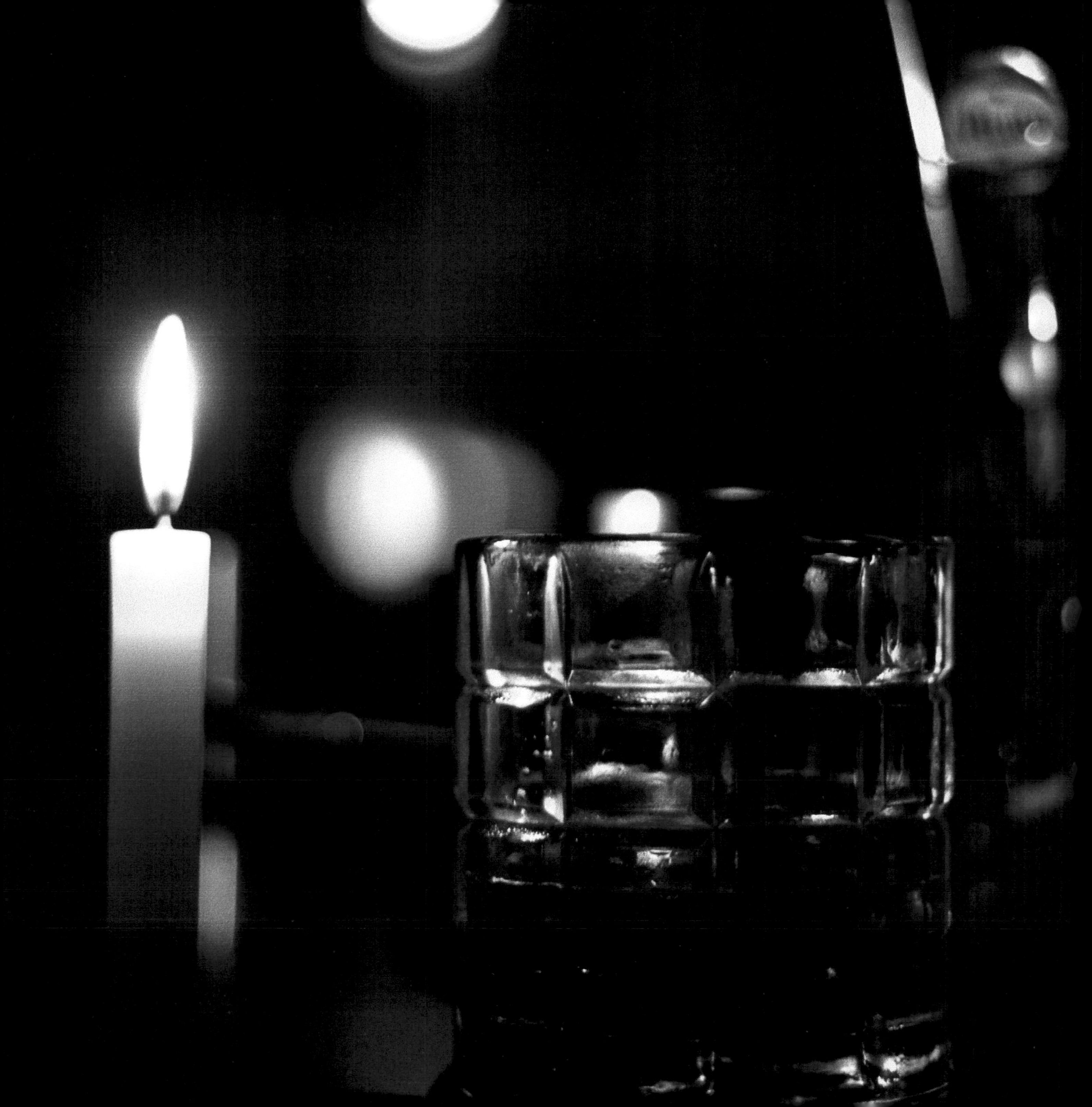

SAZERAC

Clássico de New Orleans, costuma ser executado porcamente por bartenders mais inexperientes. Modéstia às favas, gosto muito de minha versão.

INGREDIENTES

40ml Bourbon Knob Creek (na ausência desse, Woodford Reserve resolve bem a parada)
40ml Conhaque Rémy Martin XO Excellence (ou o conhaque mais firmeza que estiver à sua disposição)
3 dashes Peychaud's Bitter
2 dashes Angostura Bitter
1 dash L'Extrême d'Absente Bitter
1 torrão de açúcar

MODO DE FAZER

No Mixing Glass gelado colocar todos bitters e o torrão de açúcar. Dissolver tudo com um socador e acrescentar os dois destilados. Colocar gelo e mexer bastante. Despejar o líquido no copo baixo bem gelado e servir. Com o tempo e a mudança de temperatura, nuances do drinque mudam. Recomendo beber acompanhado de um bom charuto cubano. Ou com um simpático cigarrinho de palha.

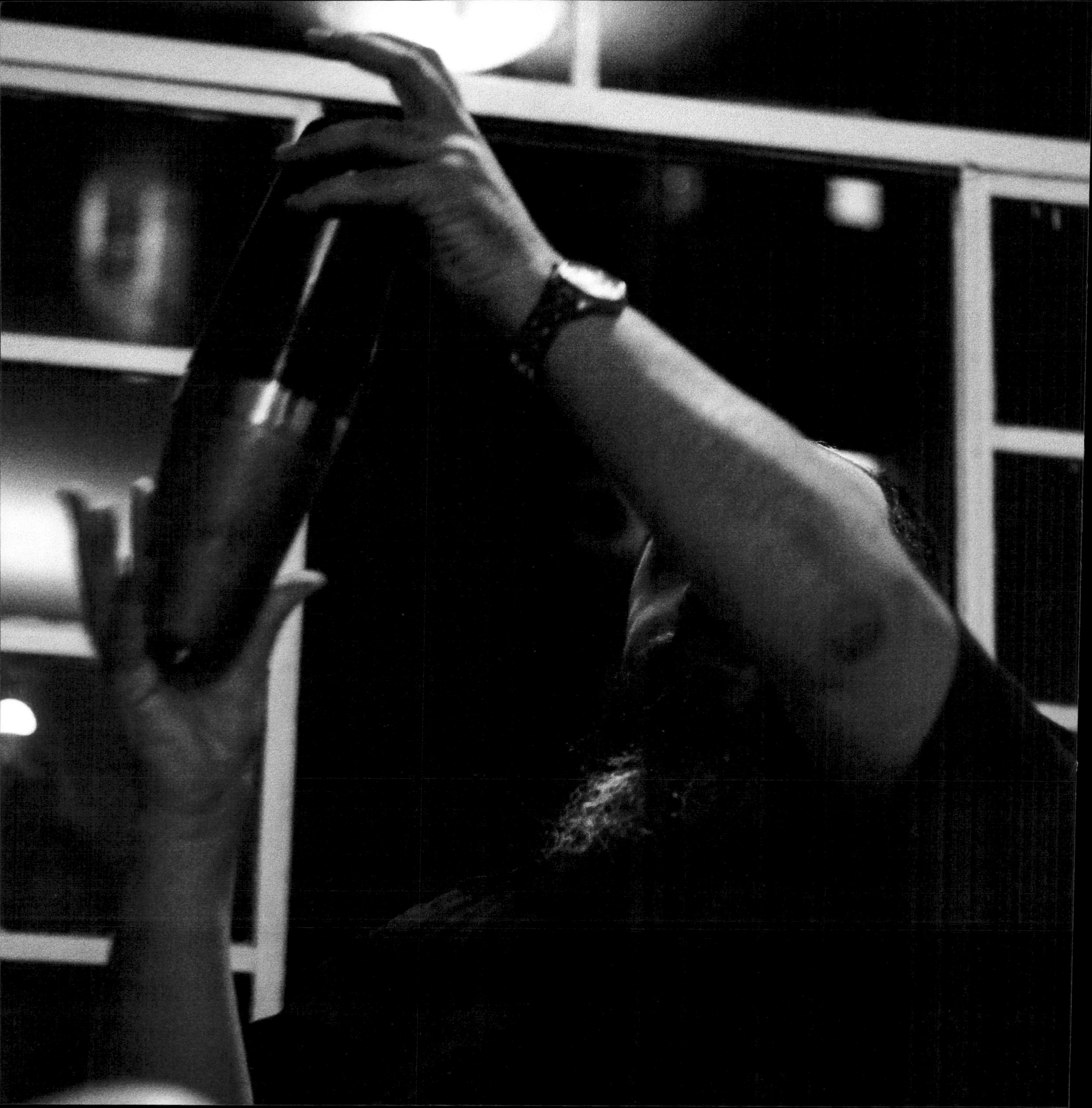

DERBY COCKTAIL

E por falar em fumo, o que pode ser melhor que um drinque com nome de cigarro? Bom, nesse caso, o próprio drinque, garanto-lhe.

INGREDIENTES

- 60ml Bourbon Woodford Reserve
- 30ml suco de limão siciliano
- 20ml Martini Rosso
- 10ml Grand Marnier

MODO DE FAZER

Mete tudo na coqueteleira com gelo e bate com gosto. Despeja o elixir sob dupla coagem numa taça manêra e manda pra dentro.

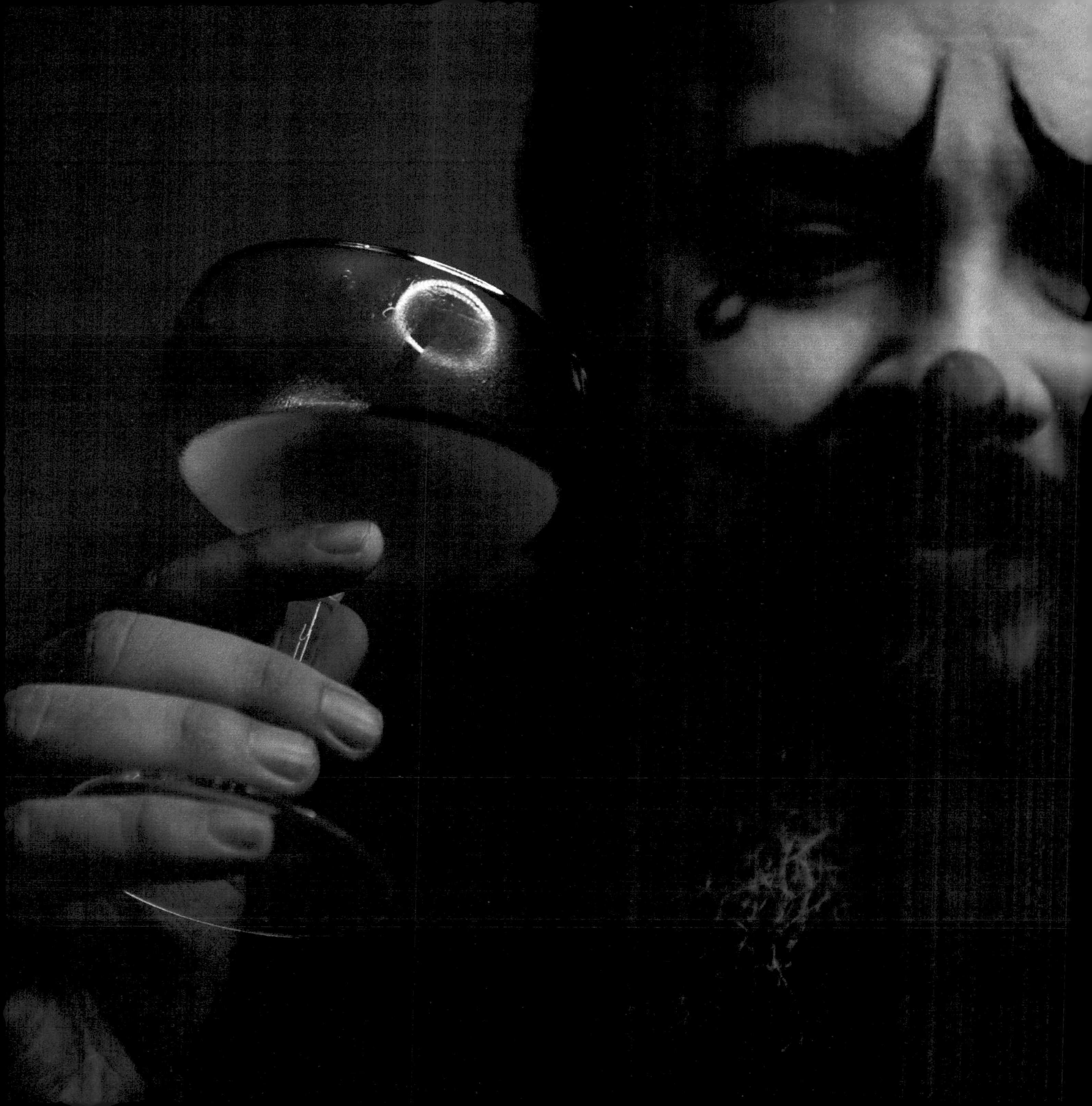

NOVOS CLÁSSICOS TRISTEZA

Entendo como um novo clássico um drinque que não seja tão antigo, mas que tenha caído no gosto dos que frequentam meu bar. Um troço meio São Paulo Futebol Clube, o clube mais querido do Edifício.

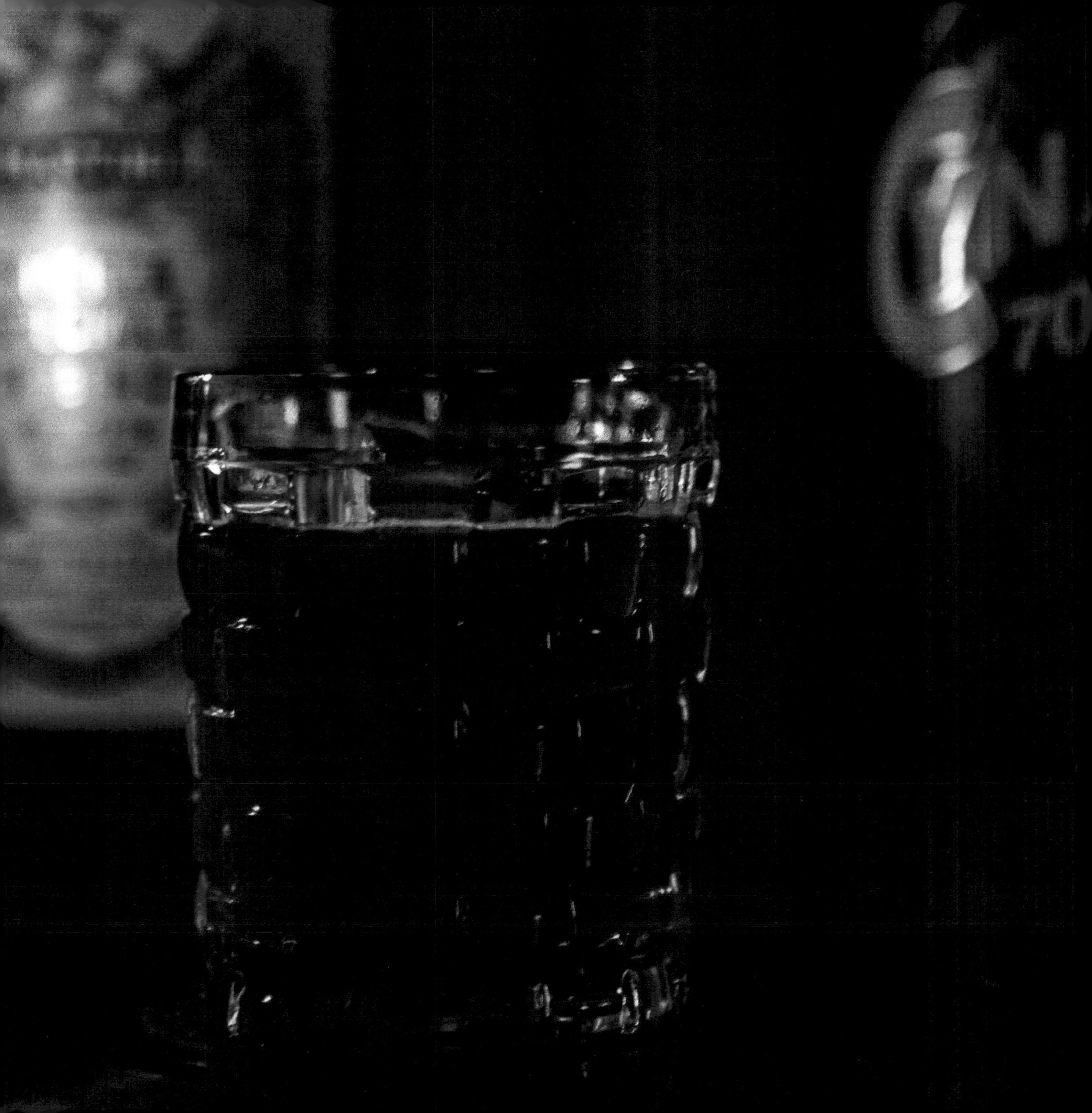

BITTER GIUSEPPE

Se a ideia é beber menos, mas beber melhor, essa, junto com o já citado Old Hickory Cocktail, é uma grande opção, devido à baixa graduação alcoólica. O problema, pra mim, é que acabo por beber duas ou doze doses a mais. Mas tenho confiança de que você dominará a situação com mais maturidade.

INGREDIENTES

60ml Cynar 70

30ml Vermouth Carpano Classico

25ml suco de limão tahiti

2 dashes Regan's n°6 Bitter

3 gotas solução salina

MODO DE FAZER

Colocar na coqueteleira: Cynar, Vermouth, limão e gelo. Bater e despejar no copo baixo com gelão, usando a peneira e strainer, dupla coagem. Finalizar com o Bitter e a solução salina. Dica do gordo: Dobrar a receita, usando um copo enorme, já que o drinque é muito bom mesmo e o gelão aguenta o tranco. Sustentabilidade.

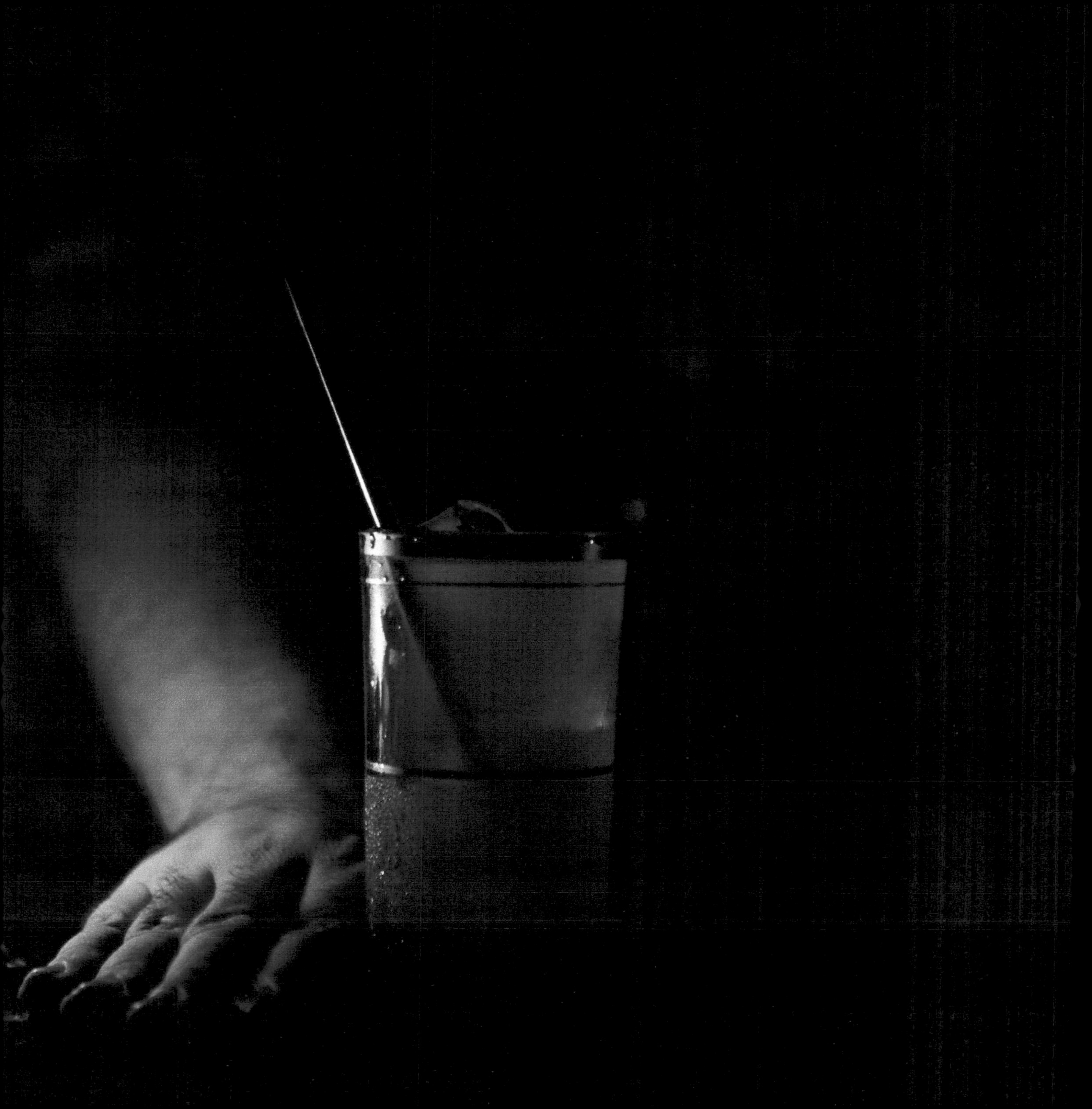

FITZGERALD

Júlio? O que você mais gosta de beber? Ouço essa pergunta quase todos os dias – chegam a ponto de me parar na rua pra tanto, juro – e a resposta varia de acordo com estado de espírito, vontades peculiares, etc. Mas o que me agrada com mais frequência são variações de destilado com açúcar e limão. Essa é uma das minhas preferidas e cheguei a beber 17 seguidos numa noite no Bar Boca de Ouro, em São Paulo. Olha só como é econômico ter um bar em casa! Aliás, essa é minha receita pessoal, não a do bar.

INGREDIENTES

60ml Gin Beefeater 24

30ml suco de limão siciliano

20ml xarope de açúcar

3 dashes Angostura Bitter

MODO DE FAZER

Bater tudo com gelo na coqueteleira e despejar no copo longo previamente gelado e com gelo.

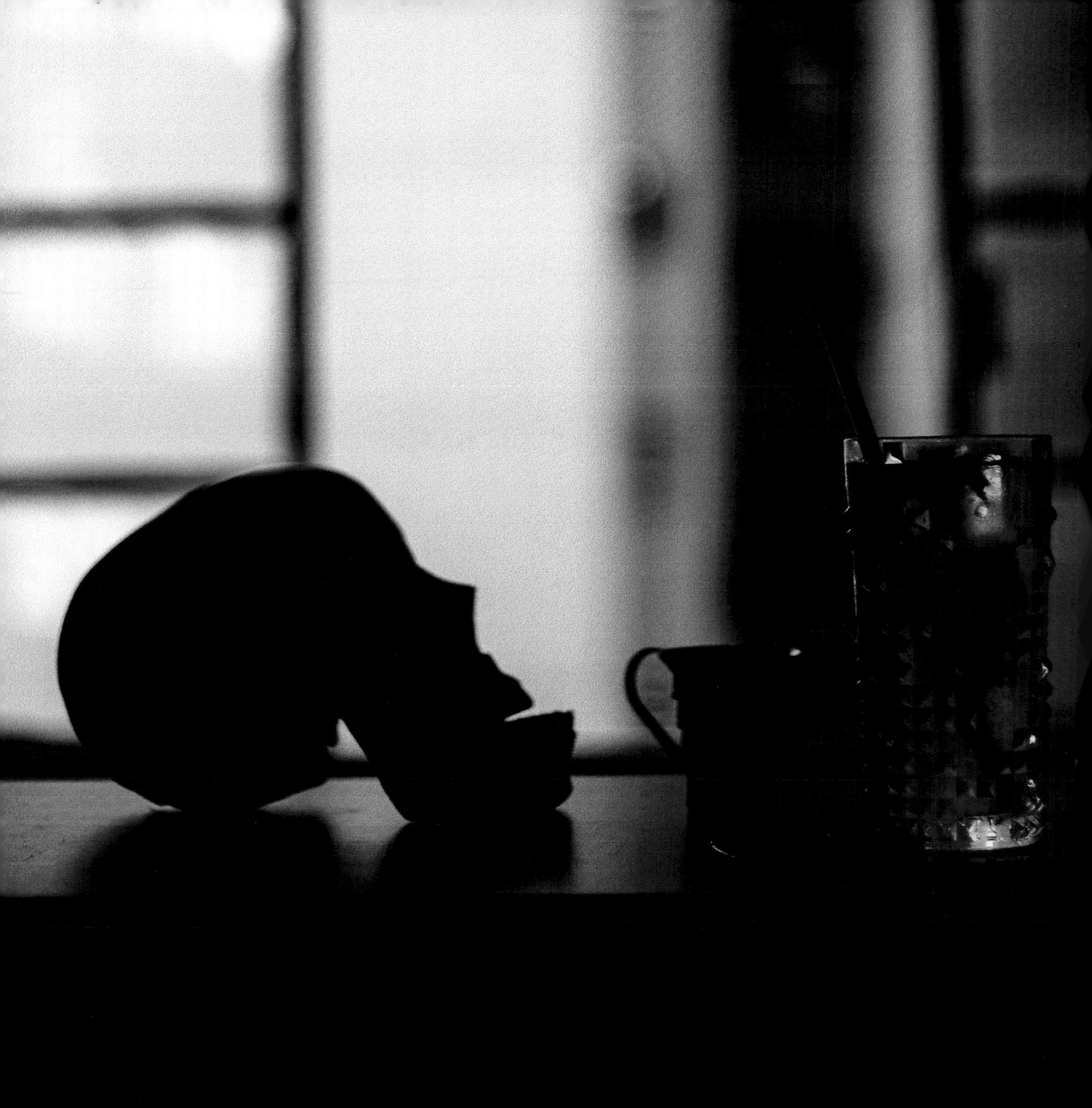

ANGOSTURA FIZZ

Clássico pós-moderno, segundo meus olhos. Pelo alto custo, seria absolutamente inviável sua venda em qualquer bar. Taí um motivão pra beber em casa.

INGREDIENTES

30ml Angostura Bitter
30ml suco de limão siciliano
20ml xarope de açúcar
Club Soda

MODO DE FAZER

Bater o suco de limão e o xarope de açúcar na coqueteleira com gelo. Despejar no copo Collins gelado e com gelo. Acrescentar a Angostura e completar com Club Soda. Mexa DELICADAMENTE e beba. Se viciar, pode ser pior que crack, convém ficar esperto.

PEYCHOUSSAURO

O drinque anterior é uma versão minha de uma receita de um cara chamado Jamie Boudreau, cujo canal no Youtube tem conteúdo fantástico. Já esse bebi nas mãos de Spencer Amereno, bartender com grande capacidade técnica. Pedi a receita pra ele cerca de 78 vezes, sem nenhuma resposta, até que desisti e cheguei na minha, após investimento obsceno. Pro meu paladar, o resultado final ficou ainda melhor que o dele, que já é muito bom. Inclusive até mudei o nome do goró. Agora, à receita, já que conhecimento tem mais é que ser compartilhado, sem regulagem.

INGREDIENTES

- 30ml Peychaud's Bitter
- 20ml Plymouth Gim
- 30ml suco de limão siciliano
- 15ml xarope de açúcar

MODO DE FAZER

Bate tudo na coqueteleira com gelo e despeja na taça cupê previamente gelada. Dos drinques mais ostentação possível, mas que vale bem a pena, vale.

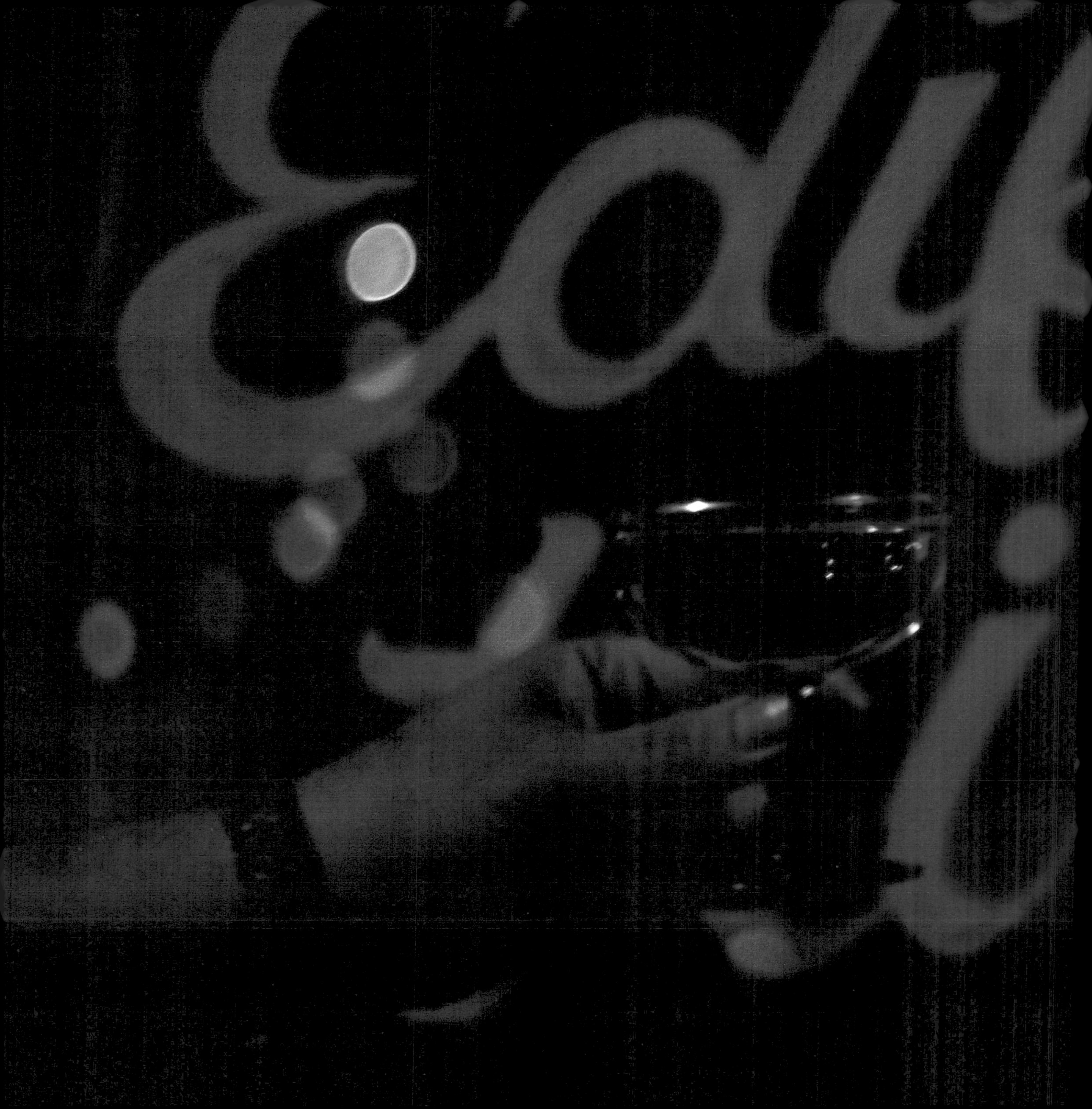

JEREZANA

Essa é a versão do meu amigo Danilo Nakamura para um novo clássico do Hapinness Forgets, divertido bar londrino. Eu só troquei o Bitter – ele usa de Baunilha ou Cacau – por questão de gosto pessoal. Azedume.

INGREDIENTES

30ml Jerez Fino
20ml Jerez Amontillado
20ml Vermouth Seco Dolin
20ml Vermouth Rouge Dolin
5ml xarope de açúcar
2 dashes Hella Bitters Ginger Lemon

MODO DE FAZER

Colocar todos os ingredientes e gelo no Mixing Glass previamente gelado e mexer. Despejar na taça coupe gelada e servir. Jerez, que ingrediente foda pra drinques fantásticos!

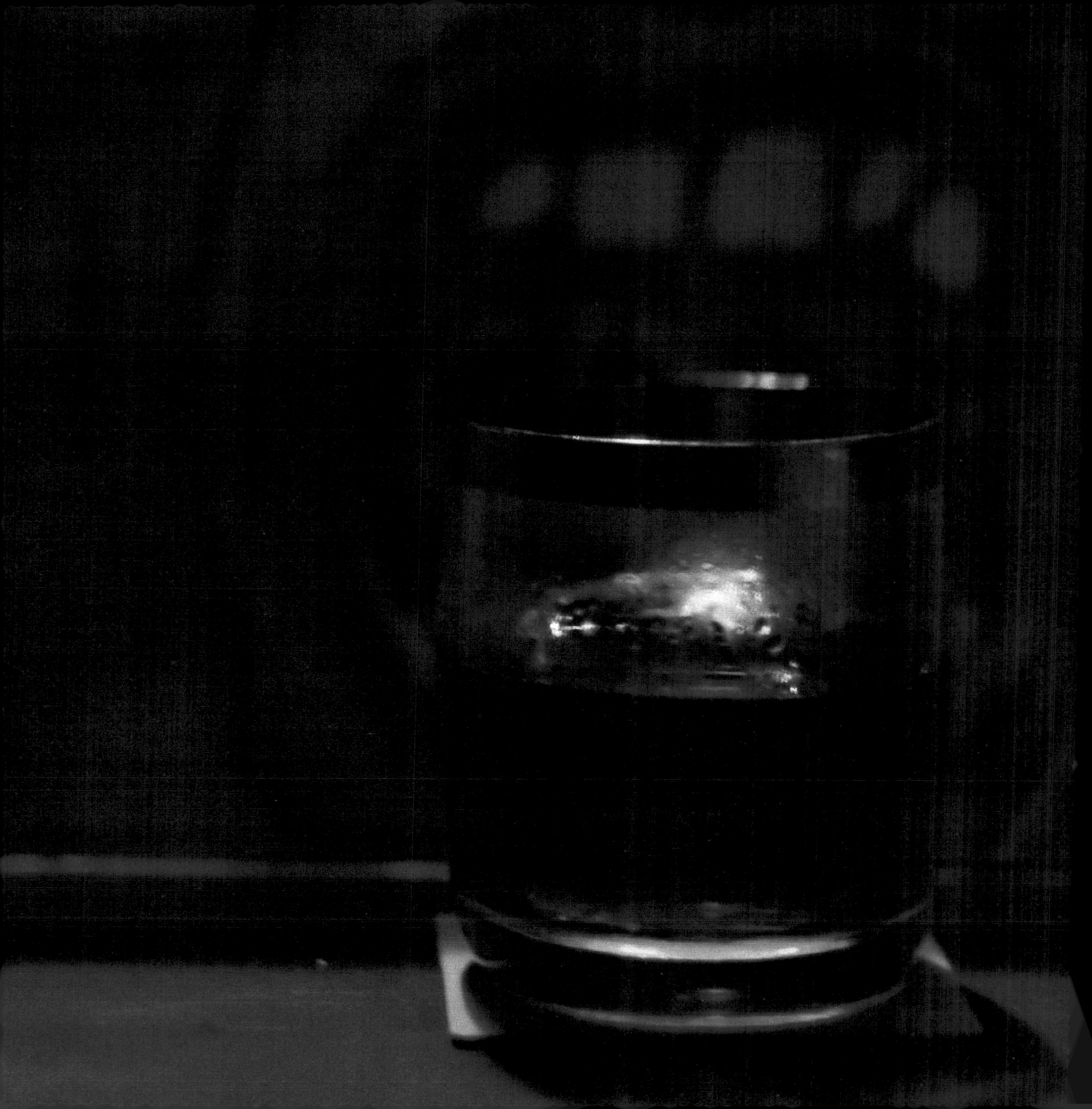

IL CARRELLO DEGLI AMARI

Admito ter ficado feliz quando o ótimo bartender Fábio La Pietra disse que queria batizar esse drinque com meu nome, em minha homenagem, porque ele é bom pra porra. Mas, infelizmente, ele me informou que o mesmo já existia, que havia aprendido com seu mestre Romano Buonacorsi. Um brinde às nossas derrotas do dia a dia.

INGREDIENTES

- 40ml Punt e Mes
- 40ml Amaro Sanseverino
- 15ml Fernet Branca Menta
- 10ml Peychaud's Bitter (sim, aquele mesmo)
- 2 fatias de Laranja Bahia

MODO DE FAZER

Macerar a laranja na coqueteleira. Em seguida colocar o restante dos ingredientes, gelo e bater com generosidade. Despejar com coador e strainer na taça coupe gelada e servir. Que sorte a sua, por beber algo tão bom! Honre o drinque!

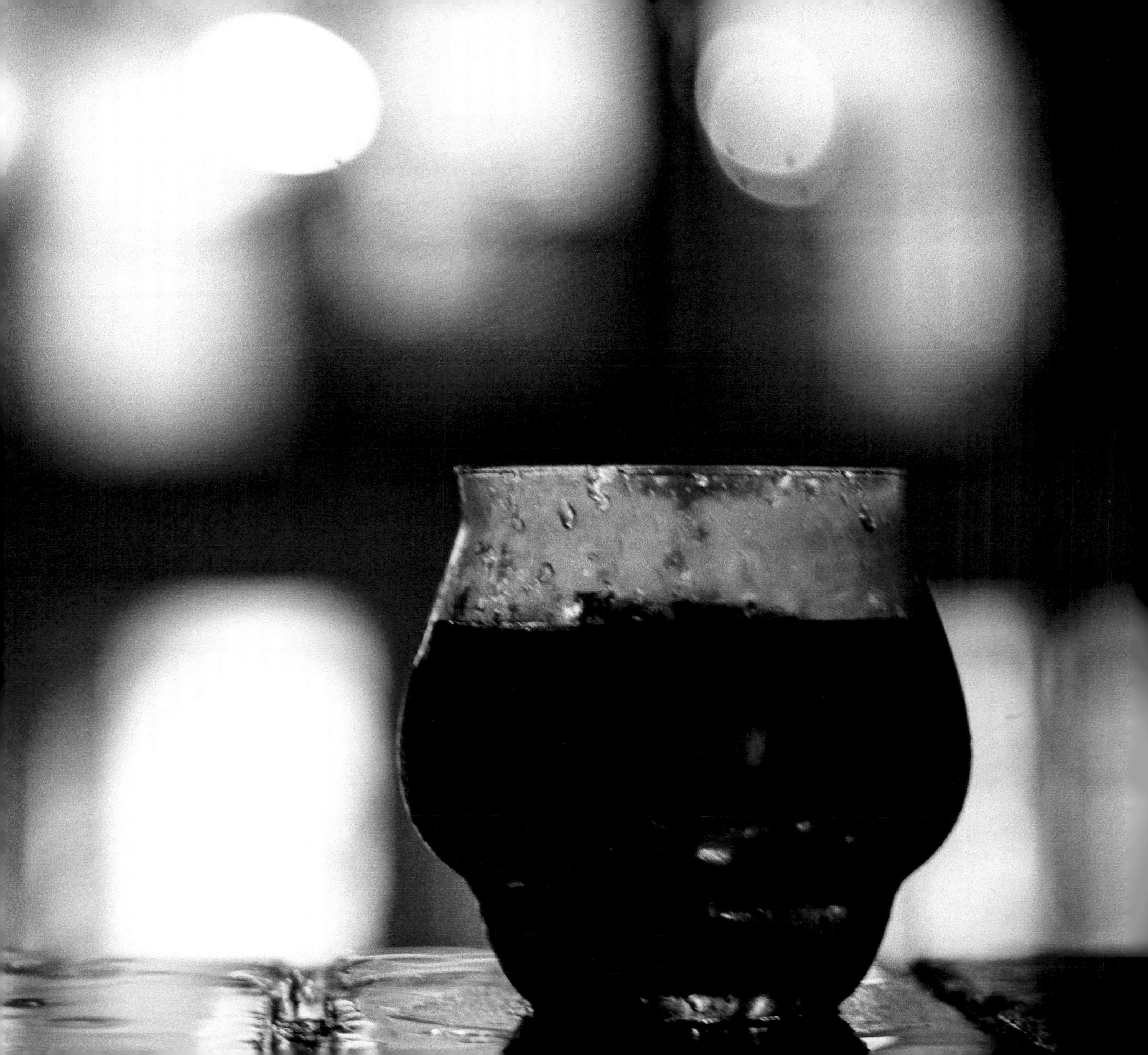

CARRÉ NOUVEAU

Enfim, algo deste século, embora inspirado no super clássico Vieux Carré, de New Orleans. Belíssimo drinque, aqui (sempre) um pouco menos doce.

INGREDIENTES

45ml Conhaque Courvoiser X.O. Imperial (se não for rico, Hennessy basicão resolve)
20ml Lillet Blanc
5ml Bénédictine
2.5ml Suze
3 dashes Peychaud's Bitter

MODO DE FAZER

Colocar gelo e todos os ingredientes no Mixing Glass gelado e mexer. Dispor sobre copo baixo com gelão e servir.

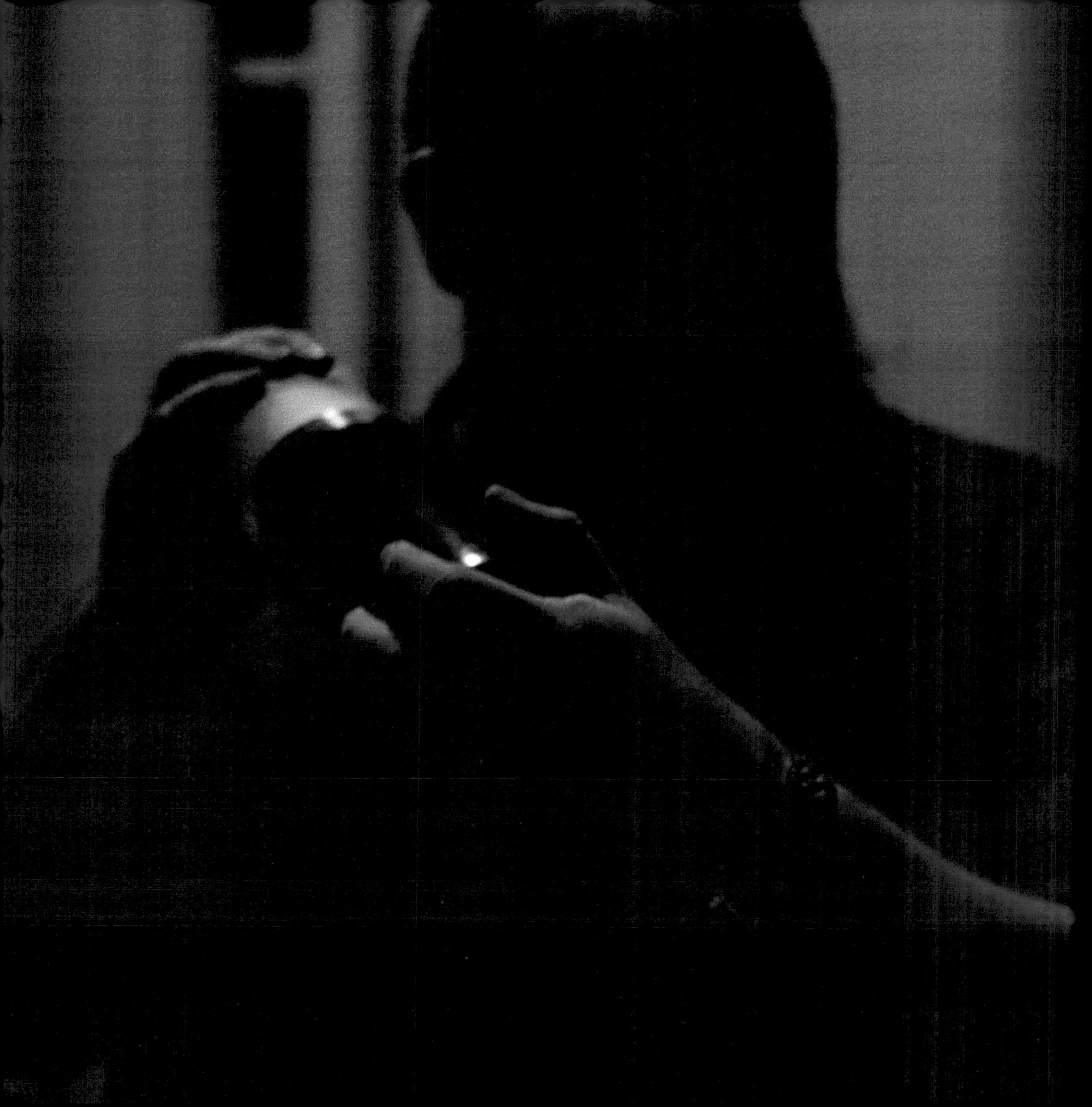

AUTORAIS

Para se criar algo, é preciso dominar o clássico, coisa que não fiz.
Mas minha autoestima é suficiente pra compartilhar algumas receitas que transcrevo a seguir, com imensa cara de pau.

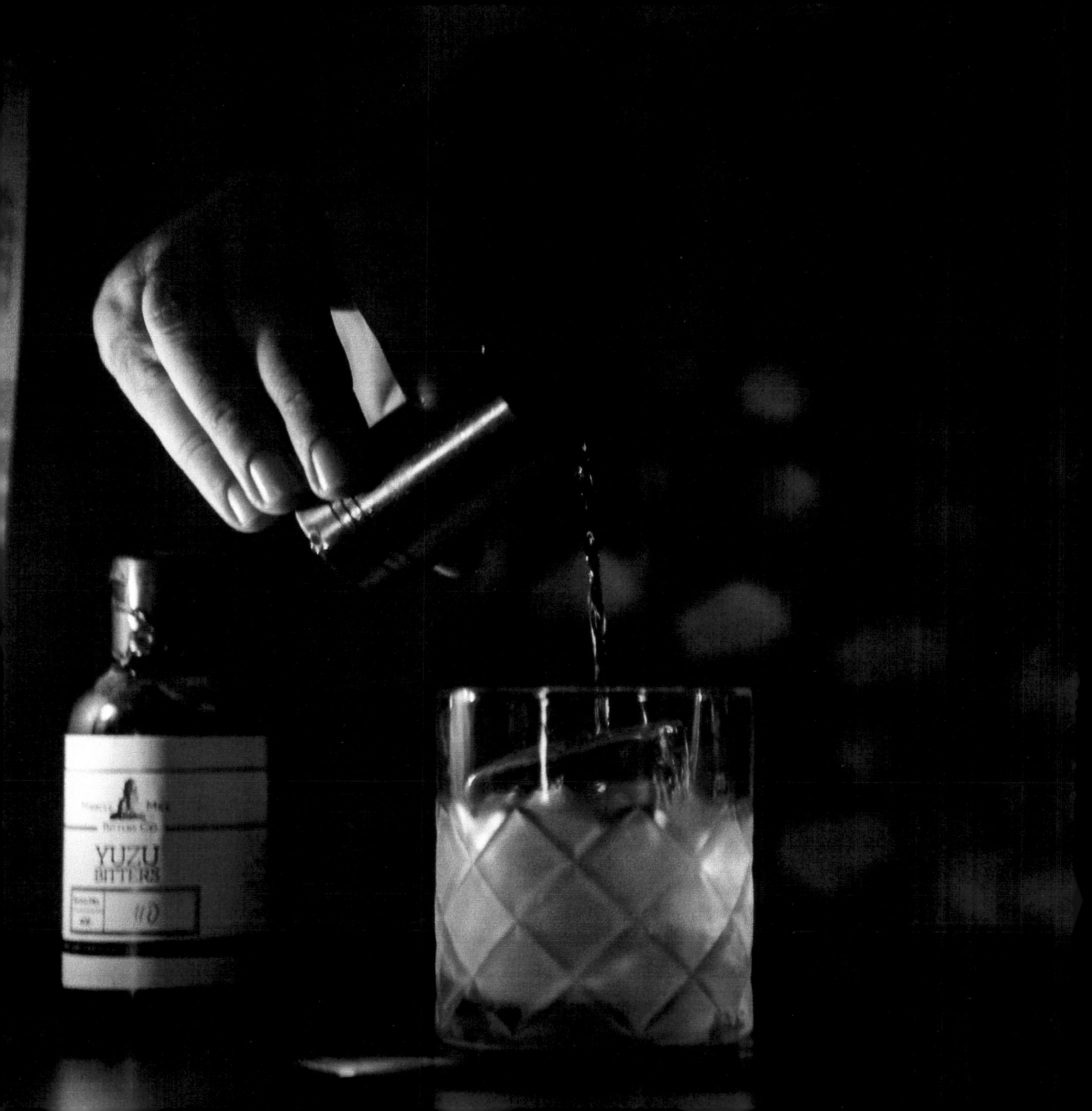
YUZU
BITTERS

HARAGUCHI DREAM

Que cocktail você ofereceria pra um grande itamae bom de copo, que mal fala a língua portuguesa? Pensei em algo rápido, montado e que remeta a Brasil e Japão. No final, o mestre em questão parou de beber sem nem experimentar minha criação – será que ele ficou sóbrio por isso? – e eu passo algumas madrugadas sozinho apreciando a bebida. Em tempo, um gelão translúcido de médio porte suporta até 3 refis, sem comprometer a qualidade do drinque.

INGREDIENTES

70ml Shochu Batata Doce

20ml Cynar 70

2 dashes Yuzu Bitter

MODO DE FAZER

Meter o gelão no copo baixo previamente gelado. Em seguida, o shochu. Depois, Cynar. Finaliza com o Bitter e mexe com a bailarina rapidamente. Pronto. Kampai!

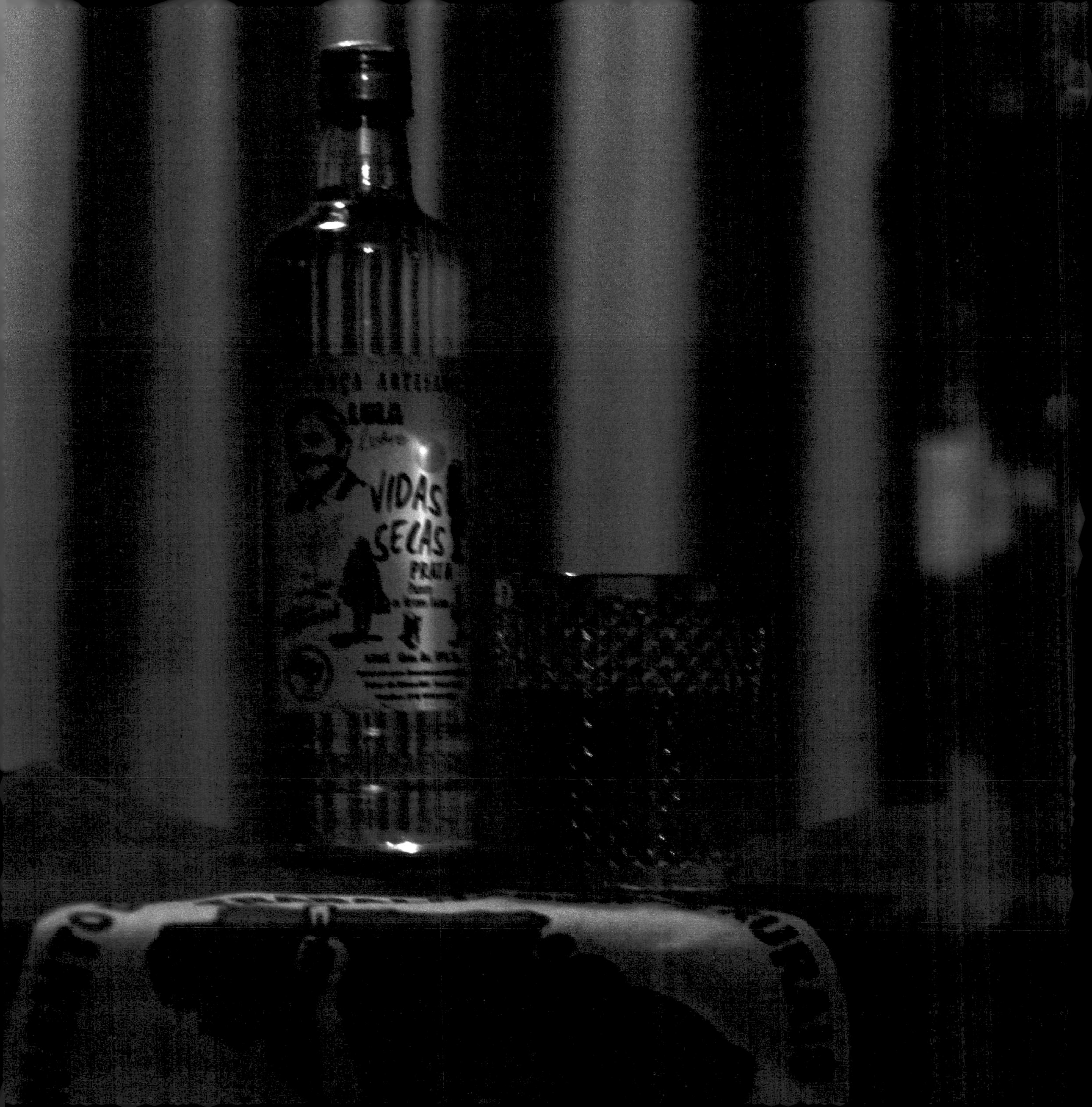
VIDAS
SECAS

LULA LIBRE

Enquanto existir um prisioneiro político, não haverá democracia plena. Batendo bola com a talentosíssima Michely Rossi, chegamos nessa receita que homenageia o presidente, apesar do péssimo trocadilho.

INGREDIENTES

40ml Campari Nacional

30ml Cachaça Vidas Secas

30ml suco limão tahiti

10ml xarope de açúcar

MODO DE FAZER

Bater tudo na Boston com gelo e mandar ver no copo americano com gelo. O mais interessante nessa receita é que se usa o açúcar não pra adoçar, mas sim pra elevar o sabor dos outros ingredientes.

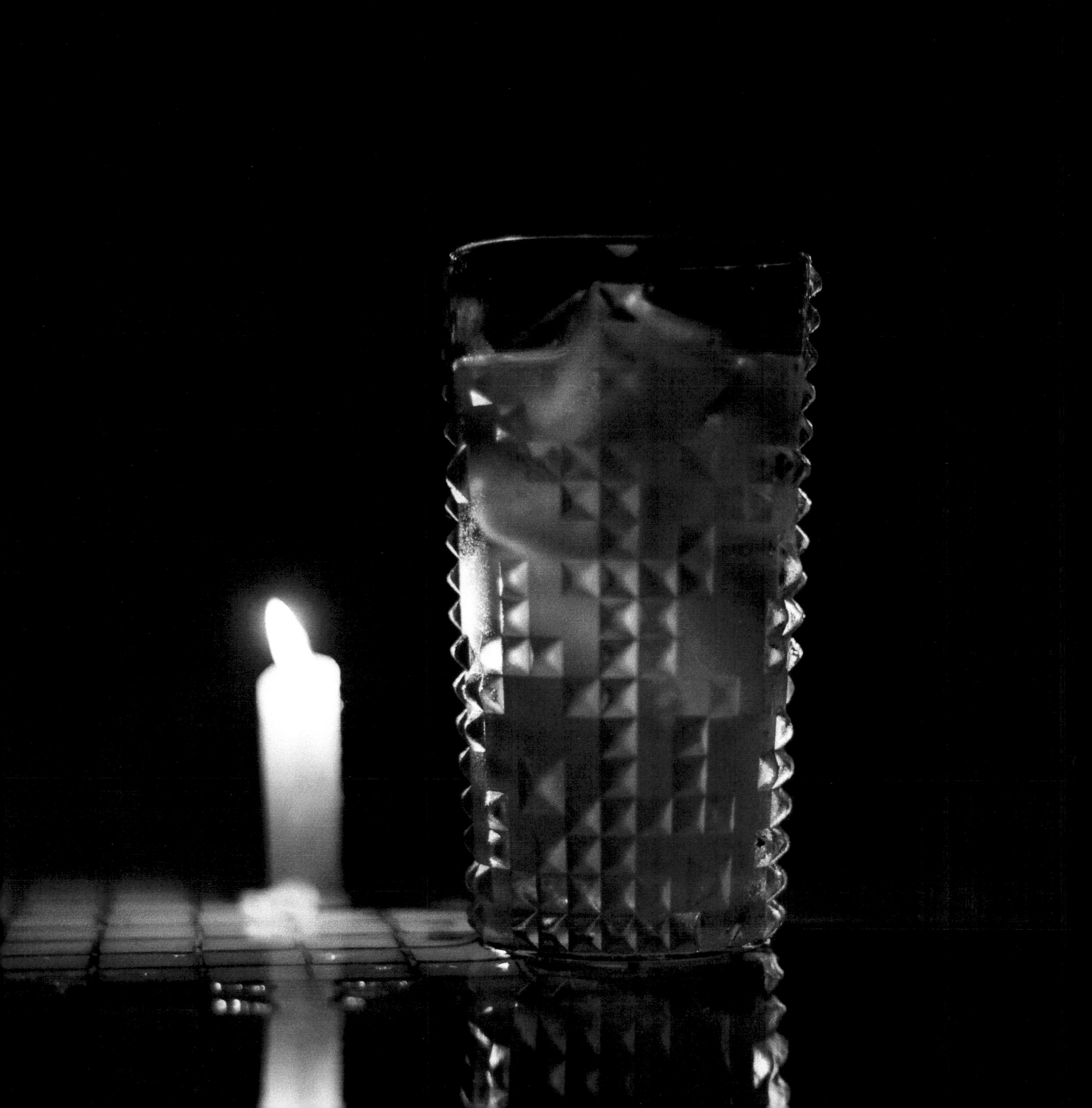

TIÃO COLLINS #2

Por que Diabos "#2"? É que tenho a impressão de que Fabio La Pietra fez uma versão antes, assim que assumiu o balcão do imponente SubAstor, em São Paulo. Não lembro nem se cheguei a provar. Mas, por via das dúvidas, ficou como número 2. E tá bom, já que nunca tive ideia de ficar em primeiro lugar em porra nenhuma. Porém, garanto a qualidade da bebida.

INGREDIENTES

60ml Cachaça Volúpia

20ml xarope de especiarias (a base de xarope comum + cravo, canela, zimbro, gengibre, noz moscada ralada na hora, pimenta do reino branca, aniz-estrelado)

30ml mix de suco de limão (tahiti, caipira e siciliano)

Club Soda (nem pense em substituir por água com gás. Não faz a Bela Gil)

MODO DE FAZER

Colocar gelo no copo Collins previamente gelado. Em seguida a cachaça, o xarope, o limão e mexer. Agora a Club Soda. Mexe mais e devagar, pra não foder o gás.
E manda pra dentro logo. Detalhe: Pra Collins é permitido o uso de canudinho, sem crise.

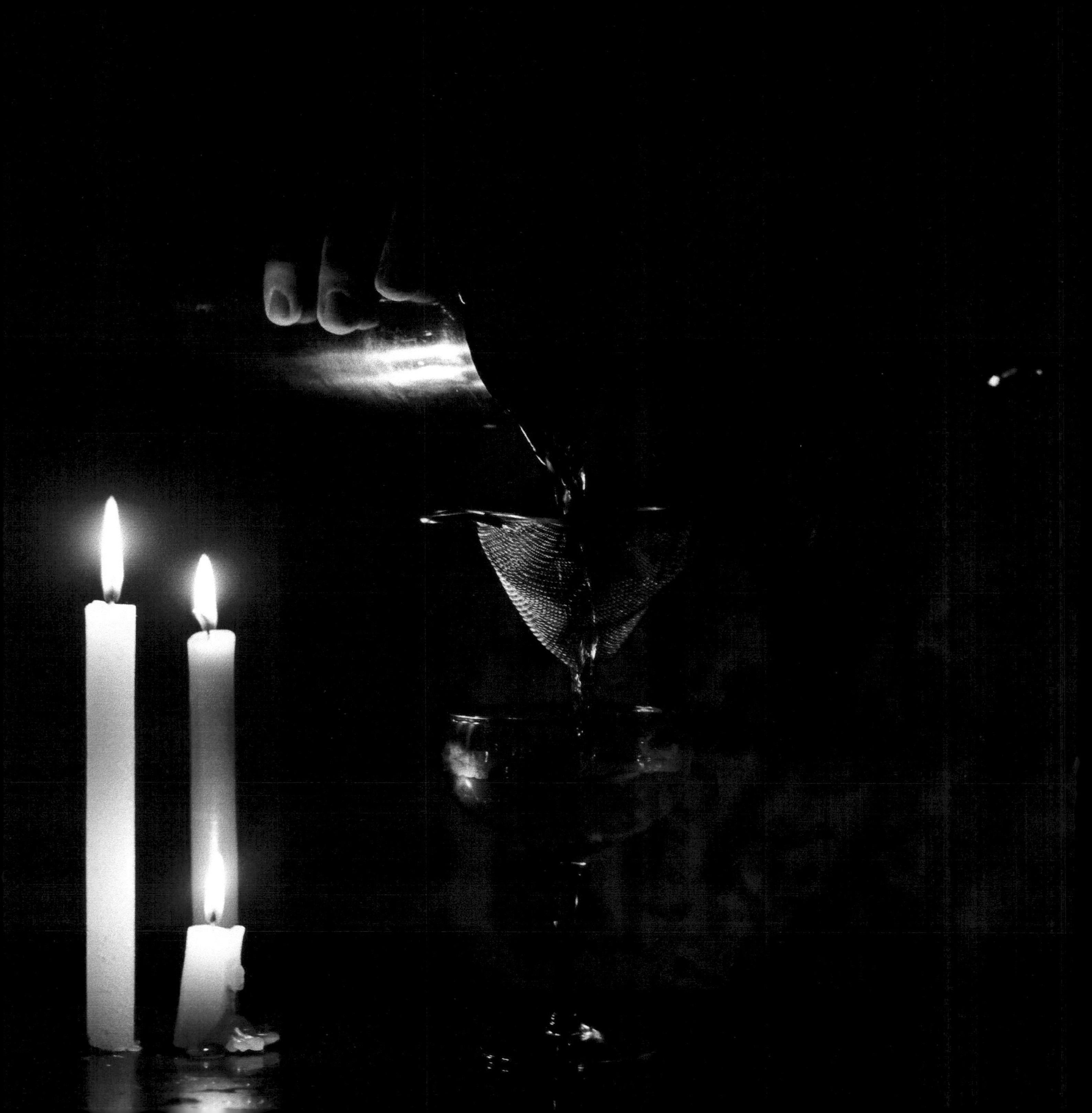

CACHASOUR

Sucesso aqui em casa, especialmente em dias quentes de verão, que ornam com a cor do refrescante cocktail brasileiro. Se preferir algo com mais sangue latino, só substituir a cachaça por pisco e chamar de hipisco sour.

INGREDIENTES

- 60ml Cachaça Serra das Almas
- 20ml xarope de hibisco
- 30ml suco de limão siciliano
- 1 clara de ovo

Receita de xarope de hibisco

Meter no panelão: 2 litros d'água, 300gr de flor hibisco desidratada, 1kg açúcar, cravo, zimbro, canela, gengibre, pimenta do reino branca. Reduzir tudo por duas horas em fogo baixo e corrigir especiarias e açúcar a gosto. Coar e armazenar na geladeira. Dura uns 15 dias.

MODO DE FAZER

Bater a clara na coqueteleira com uma mola de strainer, sem gelo (dry shake). Devolver a mola ao local devido e acrescentar os outros ingredientes, com gelo. Bater e dispor na taça coupe, com dupla filtragem (peneira e strainer. Inclusive espero que você tenha lavado a molinha)

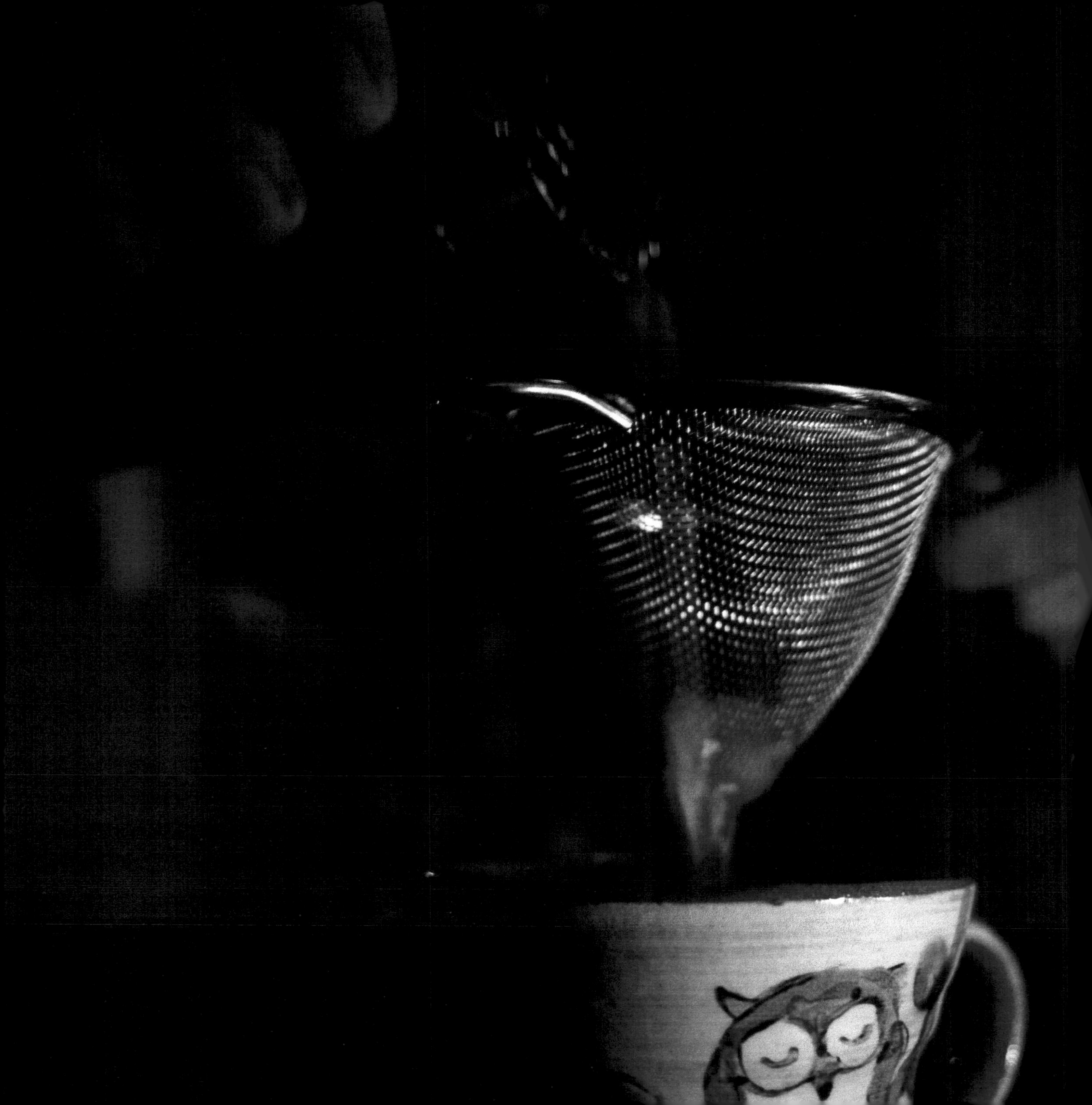

KUROSOUR

Esse foi inventado só pela possibilidade da infâmia do trocadilho, mas juro que ficou bom, no duro.
O ofereço para o grande campeão de sumô e ótimo cozinheiro Kuroda san.

INGREDIENTES

60ml Shochu Kannoko (de cevada, envelhecido por três anos)
1 clara de ovo
20ml xarope de shissô (para o xarope, pegar como base o natural, acrescentar 14 folhas de shissô fresco e reduzir por 15 minutos em fogo brando)
30ml suco de limão siciliano
3 gotas de Angostura

MODO DE FAZER

Repetir o Dry Shake que você já aprendeu no drinque anterior, acrescentar o restante dos ingredientes com exceção à Angostura, bater com gosto e despejar numa caneca estilosa com gelão, sob dupla coagem. Finalizar com o Bitter.

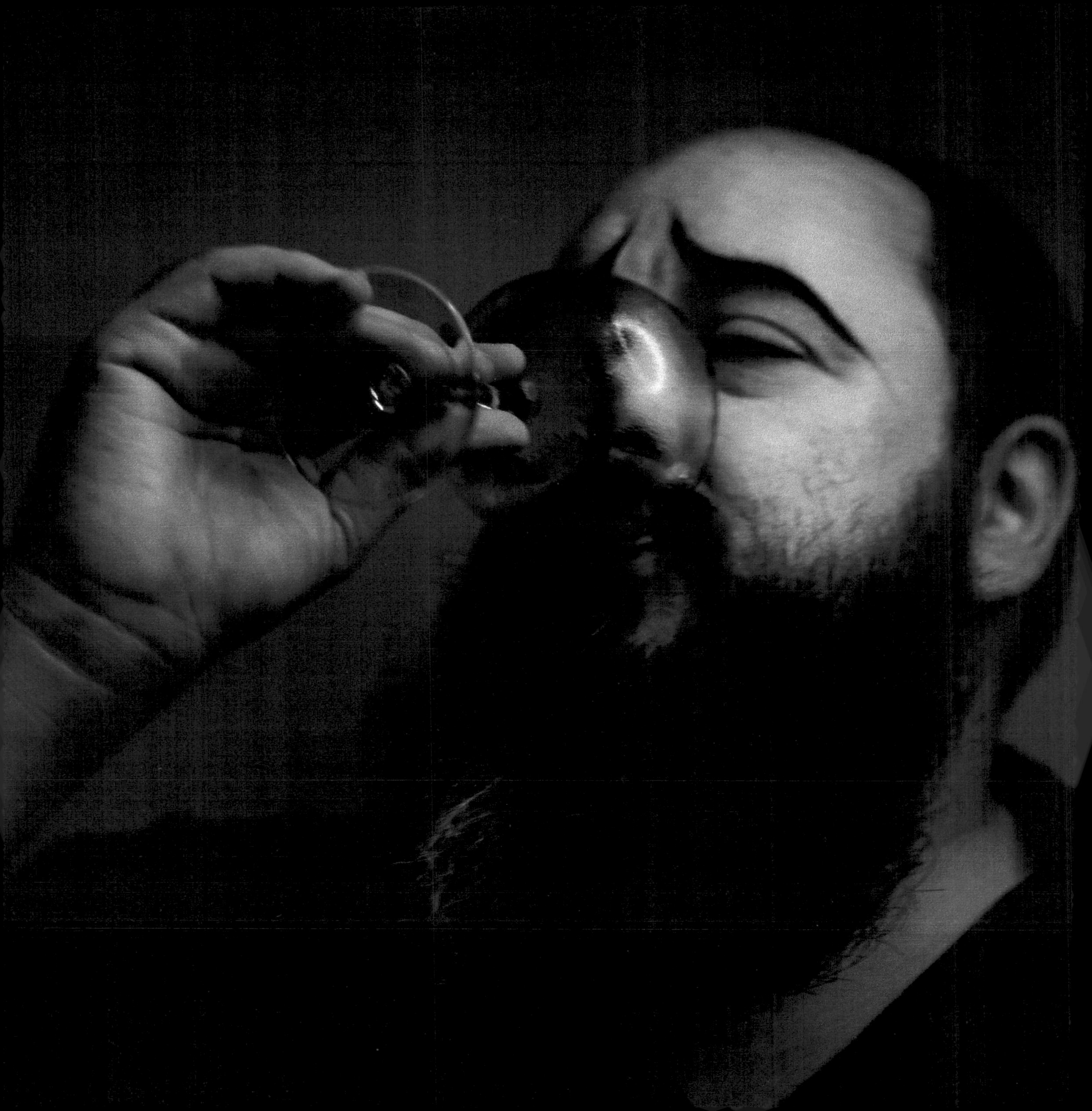

POISON

Um dos coquetéis mais populares entre os bartenders paulistanos é o CFC, que consiste em doses iguais de Campari, Fernet e Cynar. Como não queria repetir, fiz um twist dele aqui. E não é que ficou bom pra porra? Batizei com o nome de uma velha canção cafonérrima da nossa tia Alice Cooper. E tudo bem. Afinal, o que pode ser mais brega que um cocktail? Nem Clóvis Bornay ganha.

INGREDIENTES

30ml bom café moído e coado na hora

30ml Cynar 70

30ml Campari

MODO DE FAZER

Meter tudo no Mixing Glass previamente gelado, com bastante gelo e mexer. Dispor no primeiro copo que ver pela frente e mandar bala.

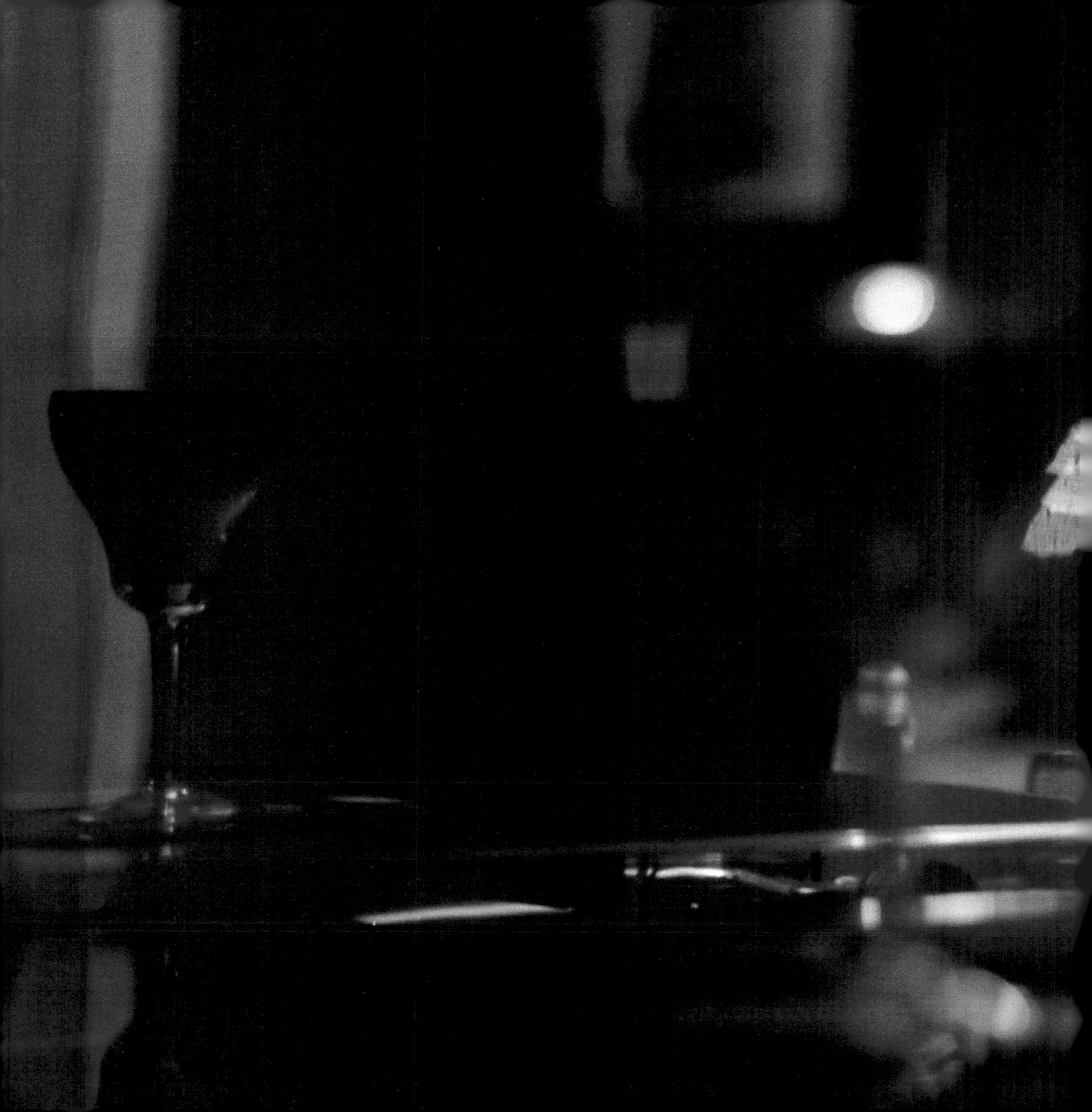

TANGERINA

Café e tangerina tem tudo a ver, vá por mim. Mas lembre-se de executar o drinque apenas quando estivermos na época da fruta. Respeitemos a sazonalidade das porra tudo.

INGREDIENTES

60ml Cachaça Serra das Almas

30ml suco de tangerina

15ml melaço de cana

20ml bom café coado

MODO DE FAZER

Bater tudão na coqueteleira com gelo e despejar na taça ou copo de sua preferência e beber.

CHARM

Certa vez, bebendo um Derby, pensei que meu pai, fumante inveterado, talvez pedisse esse cocktail, apenas por causa do nome. Daí pensei numa variação da receita que o agradaria mais, se ele estivesse vivo. E a batizei com a marca de cigarro a qual ele fumava de três a cinco maços por dia. Então peço licença ao leitor pra erguer um brinde a ele, com um cigarrinho de palha ao lado.

INGREDIENTES

60ml Jameson
30ml suco de limão siciliano
20ml Martini Rosso
10ml Cointreau

MODO DE FAZER

Bater tudo na coqueteleira com gelo e despejar sob coagem dupla no copo longo com gelo. Sem garnish, senão o velho levanta do túmulo pra me dar uma bela sova.

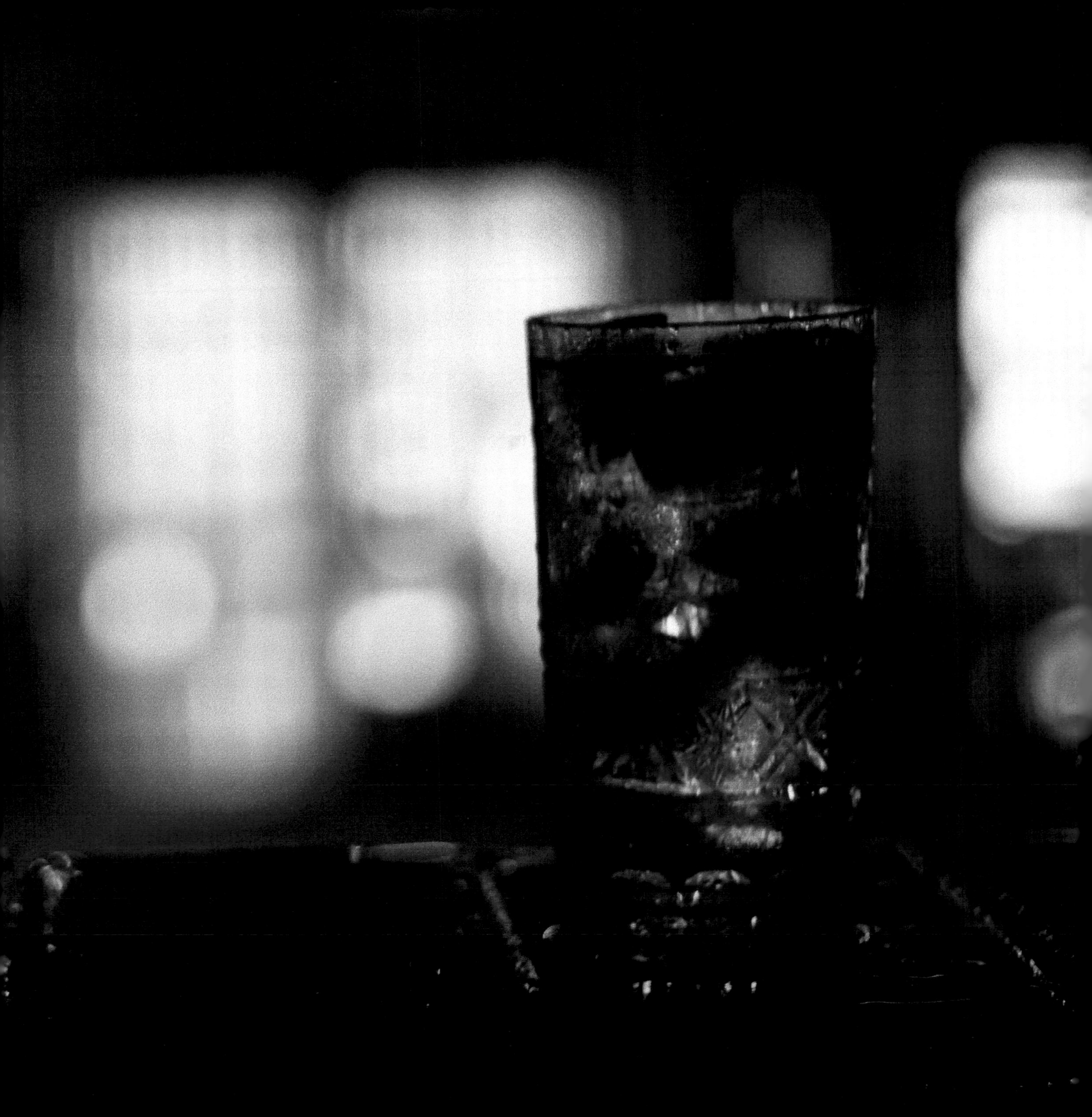

LONDON COLLINS

A cena coqueteleira de Londres é um belo convite à abertura de uma boa garrafa de vinho ou ao consumo de um pint de uma bela cerveja local, pelo menos no ano em que esse livro foi escrito. A grande maioria dos bares da cidade trabalha com receitas doces e desequilibradas. Então, como provocação, aí vai uma receita com um ingrediente bem europeu e batizada com o trocadilho punk mais infame de todos os tempos.

INGREDIENTES

60ml Gin Plymouth
30ml suco de limão siciliano
20ml xarope de flor de sabugueiro (adicionar um bom punhado de flores frescas à receita base de xarope sem usar o talo)
Club Soda

MODO DE FAZER

O mesmo do Collins tradição, descrito numa das próximas páginas. O cocktail fica firmeza, vai por mim.

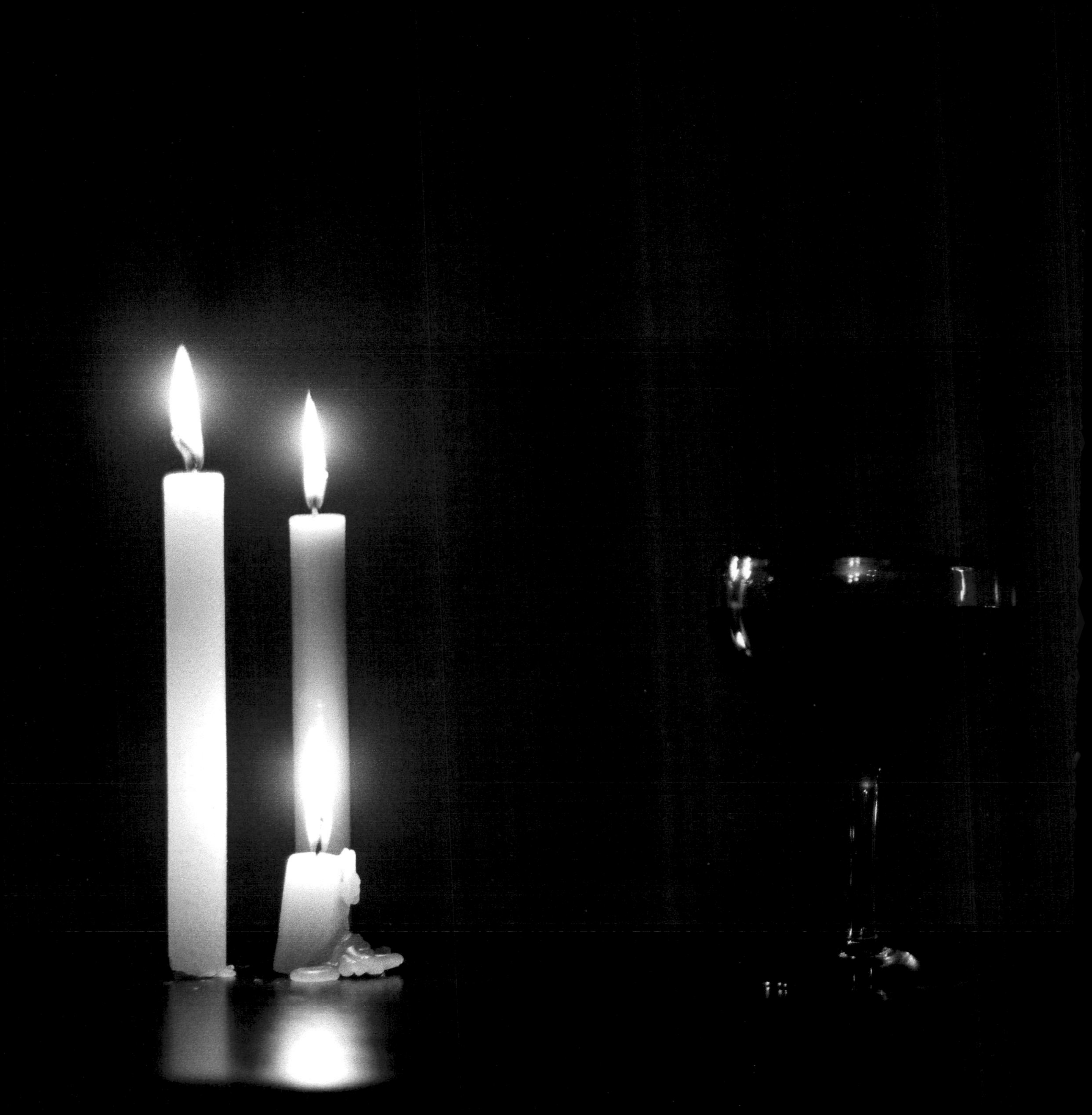

DARK RUM

Qual cocktail você beberia sozinho numa sala escura? Esse é para os solitários e melancólicos. Pra beber com a companhia daquele velho disco solo do Roger Waters que ninguém gosta.
O eufórico que se divirta com seu Apple Martini, mas bem longe de mim.

INGREDIENTES

- 60ml Rum Havana 7 anos
- 30ml Suco de limão capeta
- 15ml Amaro Lucano
- 10ml xarope de açúcar

MODO DE FAZER

Bater tudo na coqueteleira com gelo e despejar na taça com dupla coagem.

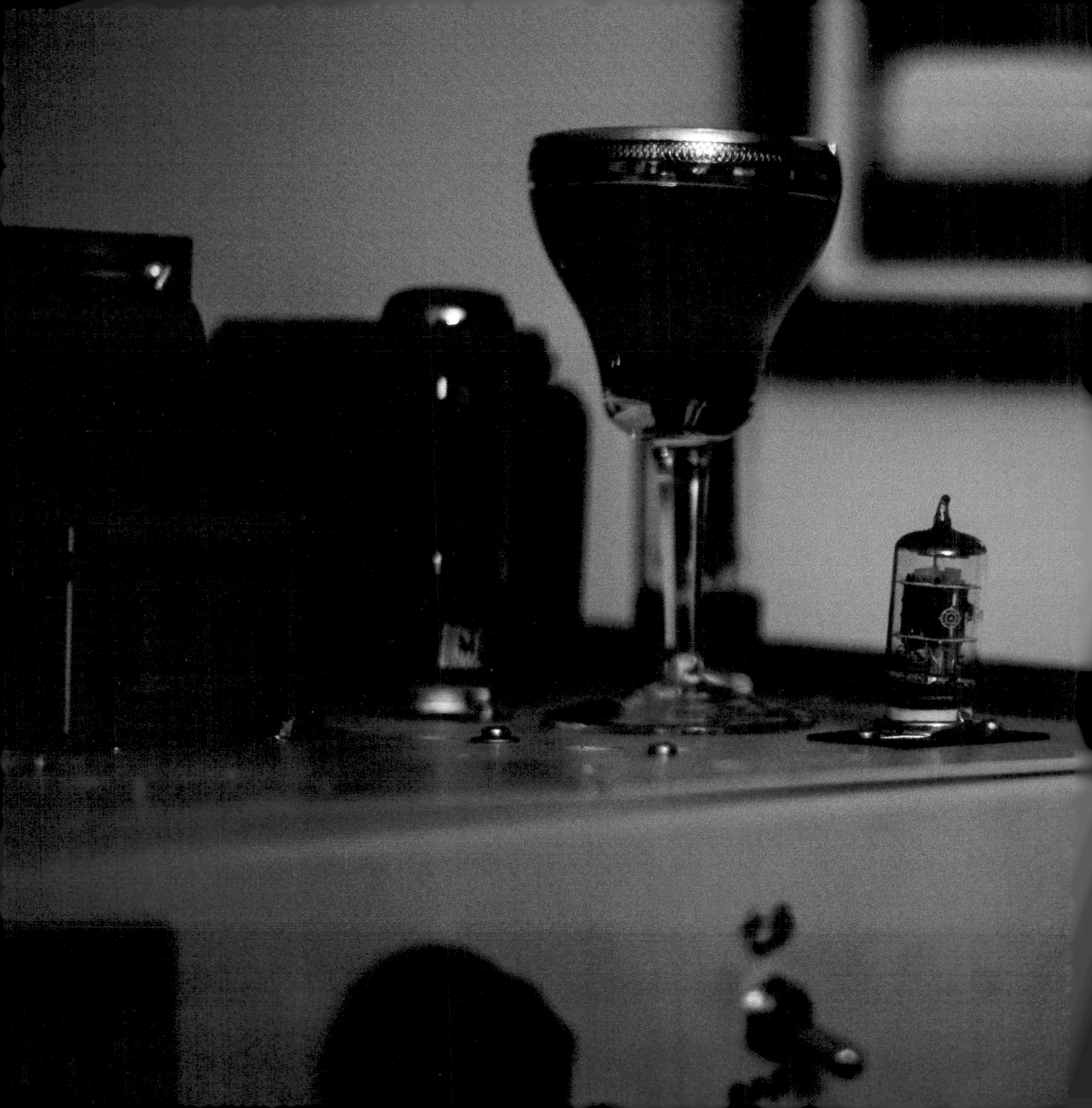

NEW YORKE SOUR

O quase homônimo ficou conhecido durante a lei seca por sua ostentação ao exibir um pouco de vinho no copo. Acontece que já passou uma cara e eu odeio desperdiçar vinho dessa maneira. Então deixo aqui uma opção com vermouth rosso em seu lugar. Porque quem faz cocktail com frequência sempre tem um vermouth aberto na geladeira. Que por sua vez implora por rápido consumo. Se ligou na inversão de raciocínio? E no trocadilho com o Radiohead? Juro que tô tentando parar, mas a infâmia não larga do meu pé...

INGREDIENTES

60ml Woodford Reserve

30ml suco de limão siciliano

20ml xarope de açúcar

20ml Dolin Rouge

MODO DE FAZER

Bater com gelo na coqueteleira todos ingredientes, com exceção do vermouth. Pode usar copo baixo com gelão ou taça, o que for de sua preferência. Finalizar com o vermouth e pronto.

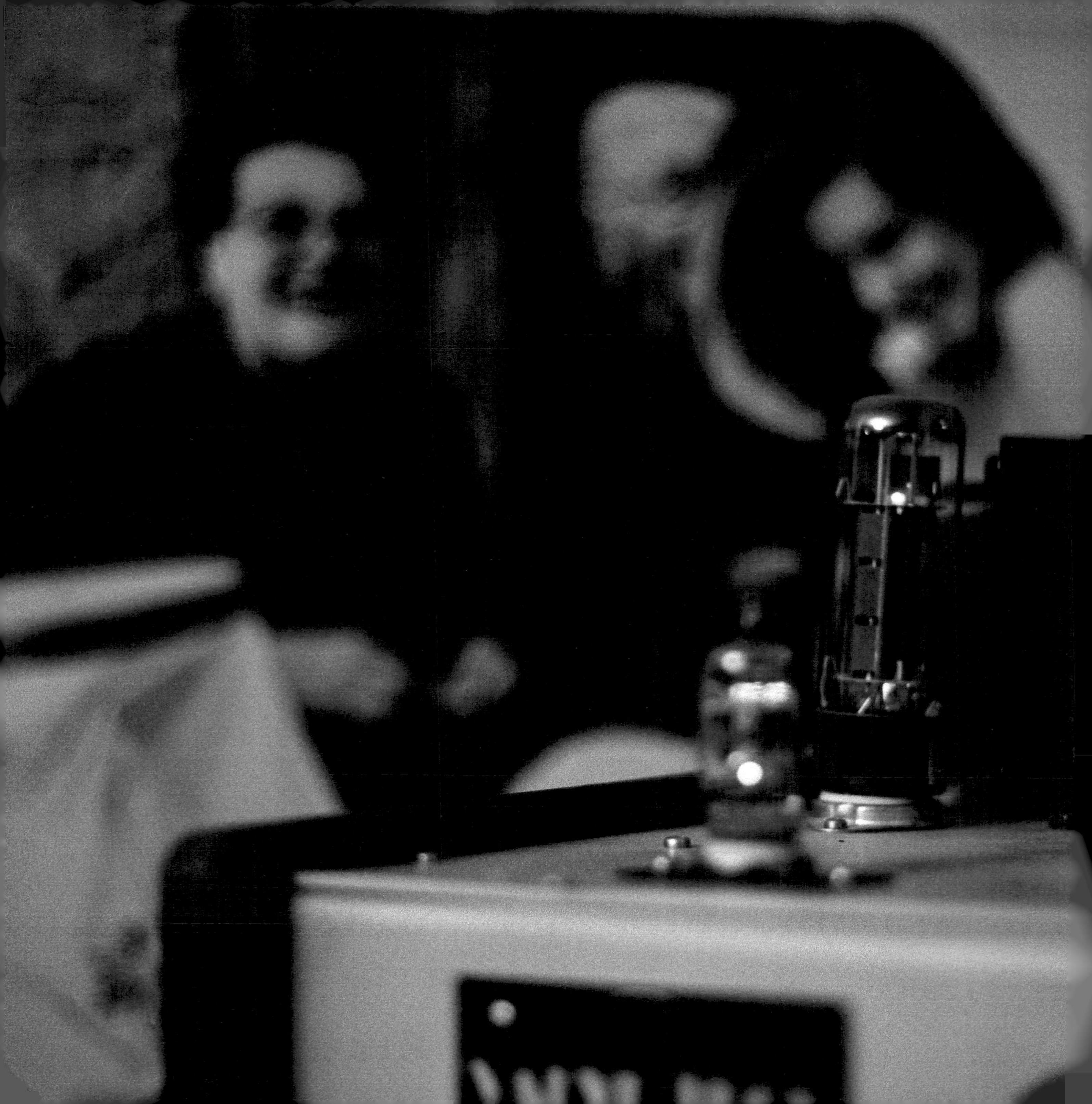

AS BRASILEIRINHAS

Poderia ser nome de pilhas ou até mesmo de produtoras de filmes nacionais de arte contemporânea. Mas são apenas minhas singelas versões para clássicos brasileiros de botequim.

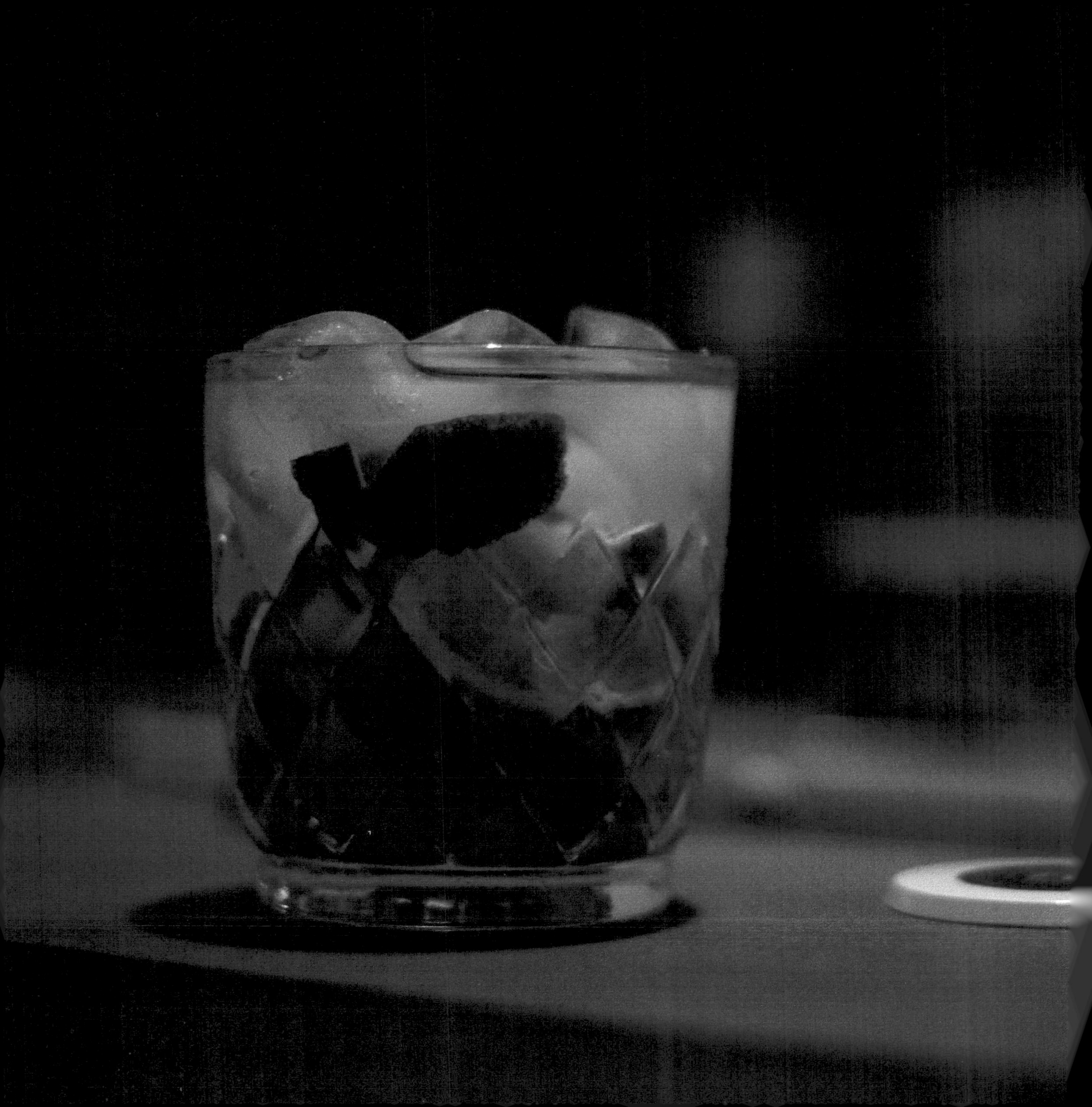

CAIPIRINHA

Definitivamente é o nosso Dry Martini. Basta pegar um limão e uma garrafa de cachaça para aparecer uma nação de sommelliers com a receita certa na mão. Tudo que o homem não precisa é de mais uma receita do clássico cocktail. Mesmo assim a darei. Haja paciência, caro leitor. Haja!

INGREDIENTES

1 limão tahiti médio

60ml boa cachaça branca de alambique

1 colher de sopa de açúcar

MODO DE FAZER

Cortar o limão ao meio e retirar a parte branca, que é amarga. Em seguida fatiá-lo finamente e colocá-lo num copo americano largo baixo. Agora, o açúcar. Macerar delicadamente, para não amargar. Gelo britado. Se necessário, quebrado na mão, com o mesmo socador que você macerou o limão. Enfim, a cachaça. Mexer com a bailarina até tudo ficar homogêneo. Considero esse como um dos drinques mais difíceis de acertar a mão.

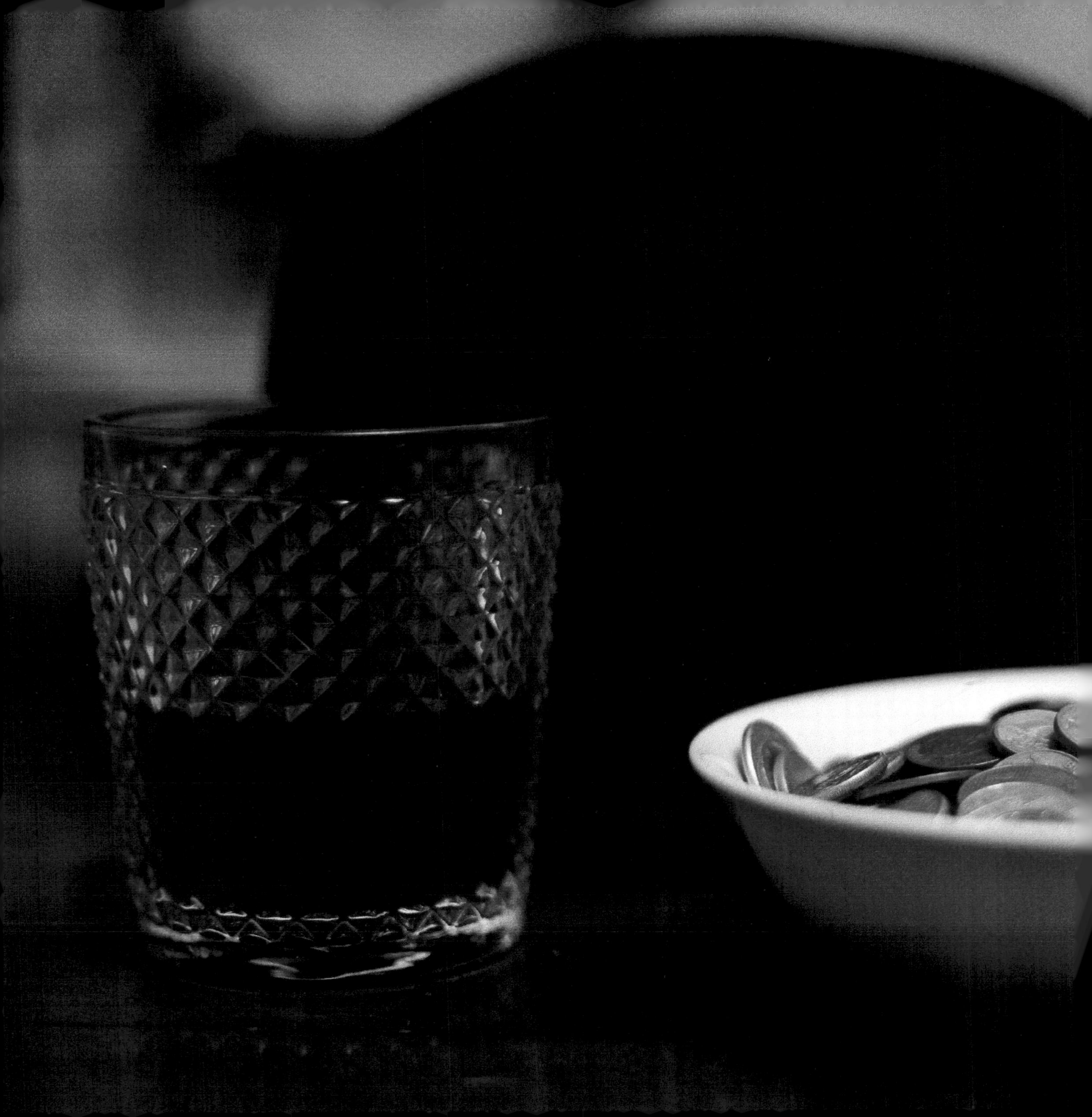

RABO DE GALO

Um livro de receitas de drinques escrito no Brasil sem receita do legítimo Cocktail seria absolutamente imperdoável. Eis a minha. Tremenda responsabilidade, aliás.

INGREDIENTES

50ml Cachaça envelhecida Weber Hauss
50ml Carpano Classico
3 dashes Bitter de Cacau

MODO DE FAZER

No Mixing Glass previamente gelado colocar gelo, cachaça, vermouth e o bitter. Mexer. Despejar no copo baixo e mandar bala.

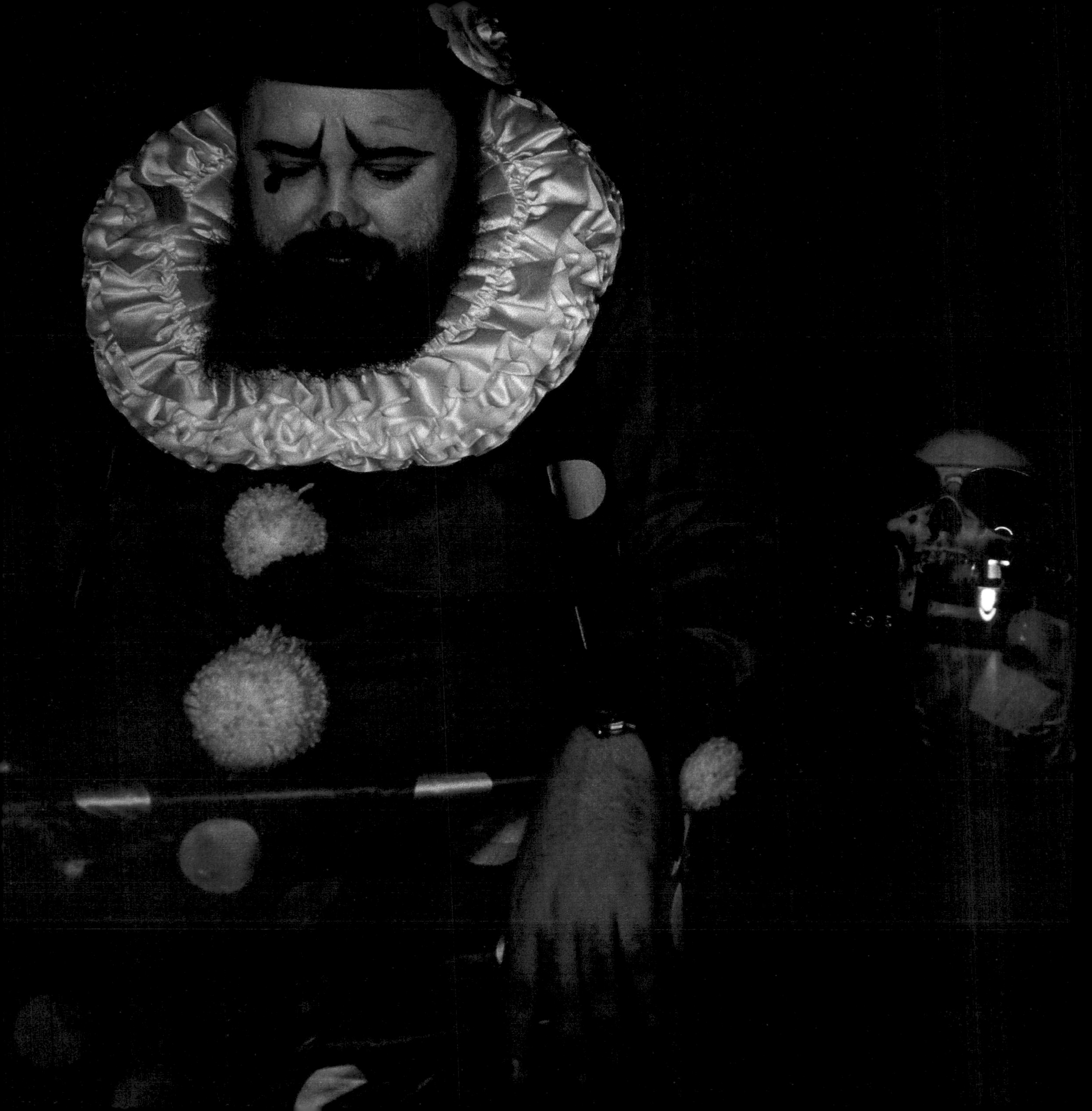

PINGA COM LIMÃO

Como já escrevi por aqui, pra mim, nada bate a combinação entre álcool, limão e açúcar, em suas mais diversas variações. E pinga com limão, além de brasileiríssimo, é super em conta pra fazer. Minha versão vai te dar um trabalhinho a mais, mas vale a pena, creia-me. Então, pinga ni mim!

INGREDIENTES

60ml boa cachaça branca de alambique

30ml suco de limão tahiti

15ml melaço de cana

MODO DE FAZER

Bater tudo na coqueteleira e servir sem peneirar num copo qualquer sem gelar. Divirta-se.

DRINK

CAMPARI TÔNICA

O que fazer quando você tá num boteco simplão que não sabe fazer nem uma caipira aceitável? E naquele churrasco de amigos com cerveja ordinária? Isso é mais que um drinque de boteco, é praticamente um kit de sobrevivência.

INGREDIENTES

Campari Nacional

Água Tônica

MODO DE FAZER

Enfiar o gelo que tiver no copo que tiver e meter Campari até a metade do copo. Completar com a Tônica que tiver e mandar bala. Se rolar uma fatia de laranja é lucro, agradeça ao nosso Senhor Jesus Cristo. Uma lata de Tônica rende dois drinques.

Dica: Se tiver no boteco simplão, peça os ingredientes e faça você mesmo o drinque, porque vão errar. Ah! Também funciona naquele puteiro vagabundo que vende uísque falsificado, mas seu brother insistiu em comemorar sua maldita Despedida de Solteiro, como se o casamento não fosse acabar daqui a dois anos.

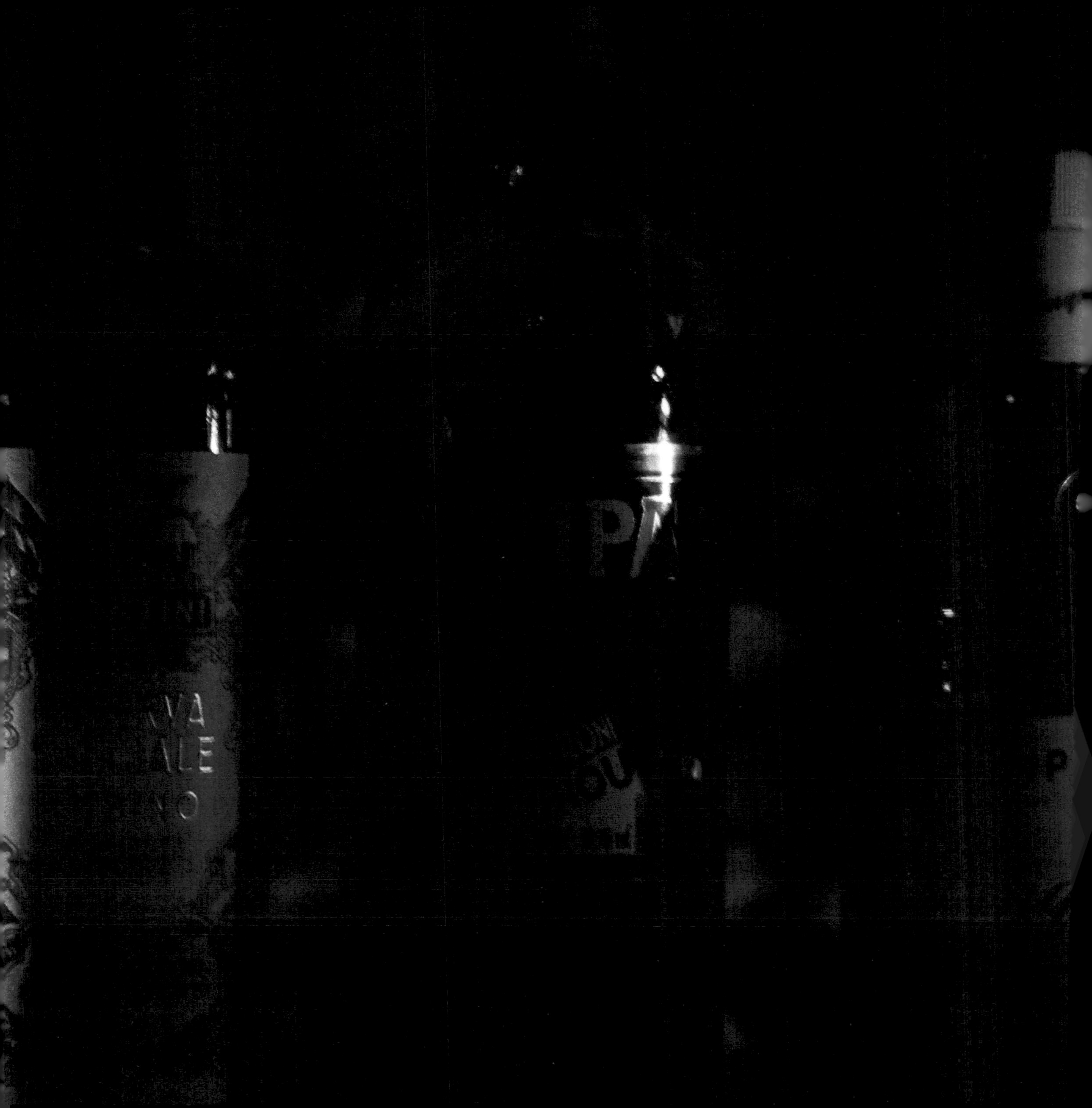

FAMIGLIA NEGRONI

Negroni é o drinque que meu pai bebia aos domingos, já que durante a semana mandava uns Campari, que é mais em conta. Curiosamente, depois que comecei a postar o drinque nas mídias, o mesmo virou febre, do Oiapoque ao Chuí. Inclusive gente que nem aprecia direito o amargo bebe o forte cocktail embaixo de sol camusiano. Me lembram alguns novos ricos que insistem em beber Barolo, enquanto o tempo pede algo mais parecido com um Riesling. Minha culpa, minha máxima culpa. Mas, na patética tentativa de compensar, compartilho agora algumas variações, além da clássica. Os perdoe, meu pai. Eles não sabem o que fazem.

NEGRONI

Esse é o tipo de clássico que, se mexer muito, a chance de estragá-lo é maior que a de elevá-lo. Um bom Negroni apresenta equilíbrio entre o doce do vermouth e o amargor do Campari, que prefiro usar o italiano, por motivos de não ter retrogosto de halls de cereja. A única coisa que acrescentei foi a solução de sal, essa que por sua vez eleva mesmo o drinque. E ainda dou dicas de rótulos preferidos encontráveis no Brasil, já que Negroni é um drinque do dia a dia, pelo menos pra mim.

INGREDIENTES

30ml Gin Tanqueray
30ml Vermouth Carpano Classico
30ml Campari italiano
3 gotas solução salina
Casca de Laranja Bahia

MODO DE FAZER

No Mixing Glass gelado colocar Gin, Vermouth e Campari. Mexer e acrescentar gelo. Mexer mais e depositar o líquido no copo baixo gelado com gelão. Espremer a casca da laranja até cair gotas de seu óleo. Fazer um twist bonito e meter pra dentro do copo. Finalizar com a solução e servir. Há quem acrescente 1 dash de Bitter de laranja. Acho desnecessário. A não ser que se use Campari nacional. Aí pode ser realmente uma boa.

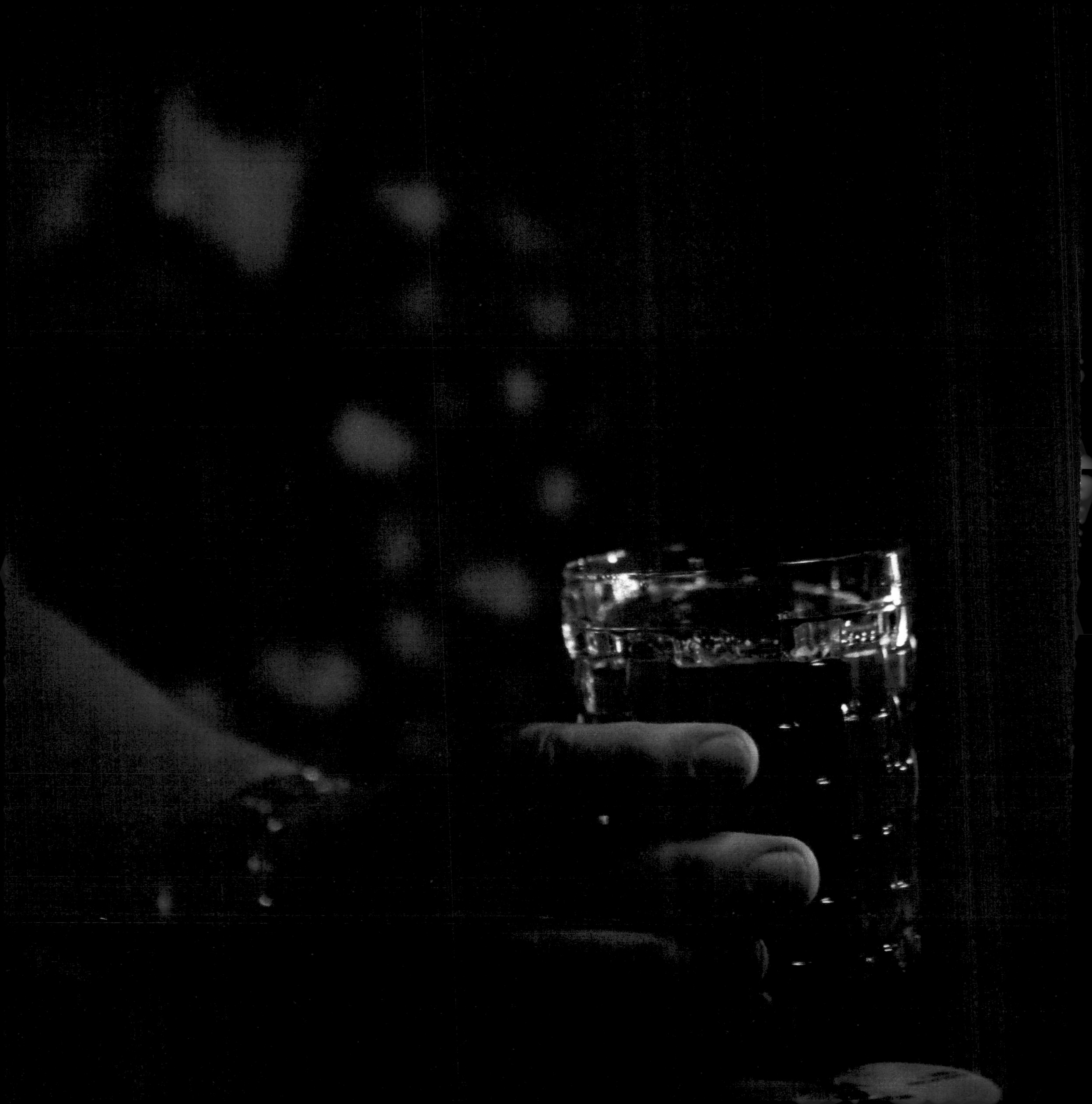

NEGRONI DEL PROFESSORE

Minha versão de uma leitura contemporânea do drinque. Releitura de releitura, tudo pra dar errado. Mas deu certo. Pena que parte dos ingredientes seja cara e difícil de achar por aqui, pois o drinque em questão tem muito mais a ver com nosso verão senegalês que o tradicional.

INGREDIENTES

45ml Gin Sacred de Tangerina

30ml Vermouth Del Professore Bianchi

30ml Campari italiano

3 dashes Bitter Salsão

Club Soda

MODO DE FAZER

No Mixing Glass previamente gelado colocar Gin, Vermouth e Campari. Acrescentar o gelo e mexer. No copo baixo gelado mais bonito que você tiver – tem que ser grande também – colocar gelão e despejar o sagrado elixir. Incluir o Bitter e finalizar com Club Soda. Os que vão morrer te saúdam.

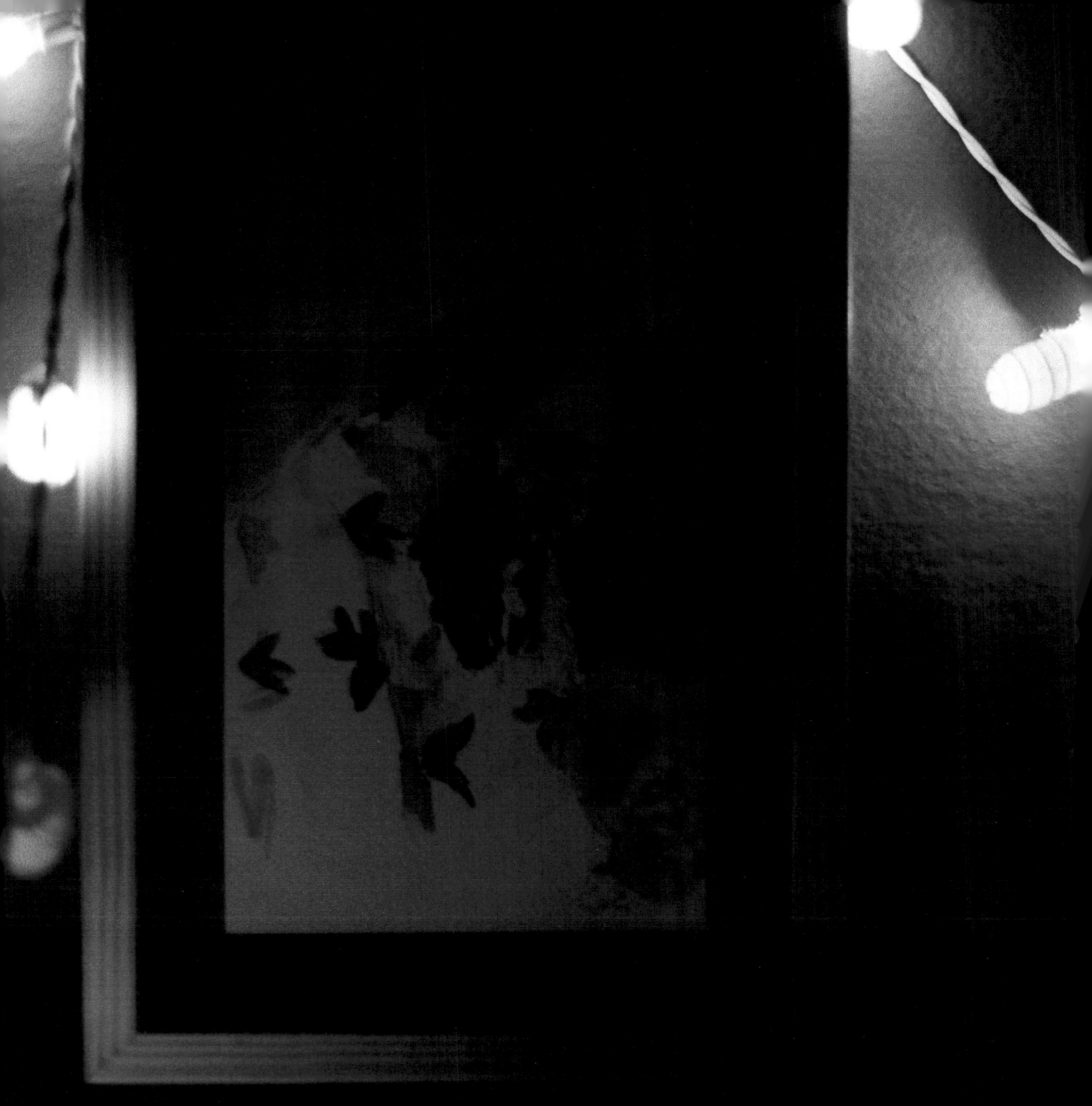

NEGRONI FIRMEZA

De que adianta um livro de coquetelaria apenas com receitas que poucos têm acesso aos insumos? A ideia aqui é oferecer cocktails para todo tipo de gente que gosta de beber. Do office-boy ao diretor da firma, quase tão democrático quanto o balcão do Estadão. Então, pra quem jamais fará o drinque anterior e não tem condições nem paciência pra executar o clássico como eu mais gosto, eis uma versão popular. Garanto que também dá certo. Inclusive para quem está acostumado com nível mais elevado de ingredientes. Afinal, não é todo dia que você merece o melhor. Na verdade, quase nunca você faz por merecer uma garrafa de refinado vermouth artesanal italiano.

INGREDIENTES

30ml Gin Gordon's (ou o London Dry mais em conta que você achar)
30ml Campari nacional
30ml Vermouth Martini Rosso nacional
Meia fatia de laranja pêra

MODO DE FAZER

Pegar um copo longo de suco e encher de gelo de posto até o talo. Despejar todo o líquido, a laranja, dar uma mexidinha com uma colher de sopa e pronto. Era isso que meu pai bebia aos domingos na saudosa Dinho's Place do Largo do Arouche e, às vezes, mando até hoje.

doche, New York

WHITE NEGRONI

Receita moderninha que instagramers riquinhos adoram replicar, porque fica bonito na foto e leva duas bebidas ostentação que não chegam no Brasil. Acontece que o drinque é ruim, desequilibrado, mais doce que aquela velha balada oitentista do Phil Collins. Mudei a proporção pra parada ficar mais bebível, se você não se aguentar de curiosidade. De qualquer forma, não indico. Um Negroni tradiça ganha de 7 a 1 do white negroni problems. Nenhum livro é composto apenas de receitas boas, com a diferença que eu admito isso.

INGREDIENTES

45ml Gin Gordon's
30ml Suze
30ml Lillet Blanc
Casca de limão siciliano

MODO DE FAZER

Mesmo esquema do Negroni tradição. No Mixing Glass previamente gelado colocar todos os líquidos e gelo. Mexer e despejar no copo gelado e baixo com gelão. No lugar da laranja, casca de limão siciliano, com seu próprio óleo, etc.
Se você fez isso é porque merece tomar.

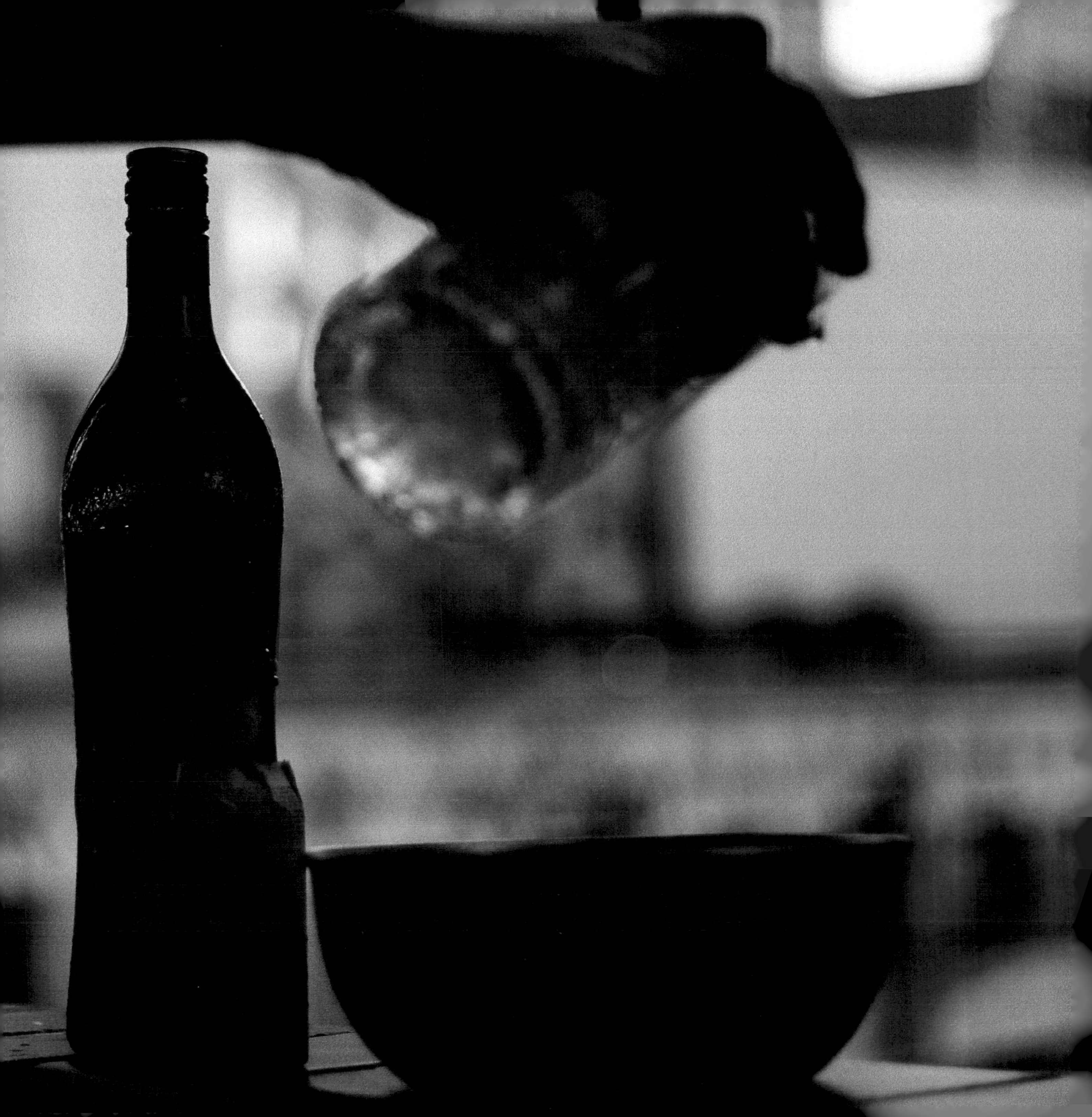

DRINQUES DE PISCINA

Ainda na missão de compensar os novos tiozões do Negroni que preferem beber troços mais fortes mesmo sob sol escaldante, abaixo escrevo umas receitas de umas coisas que, na minha opinião, têm muito mais a ver com nosso clima tropical.

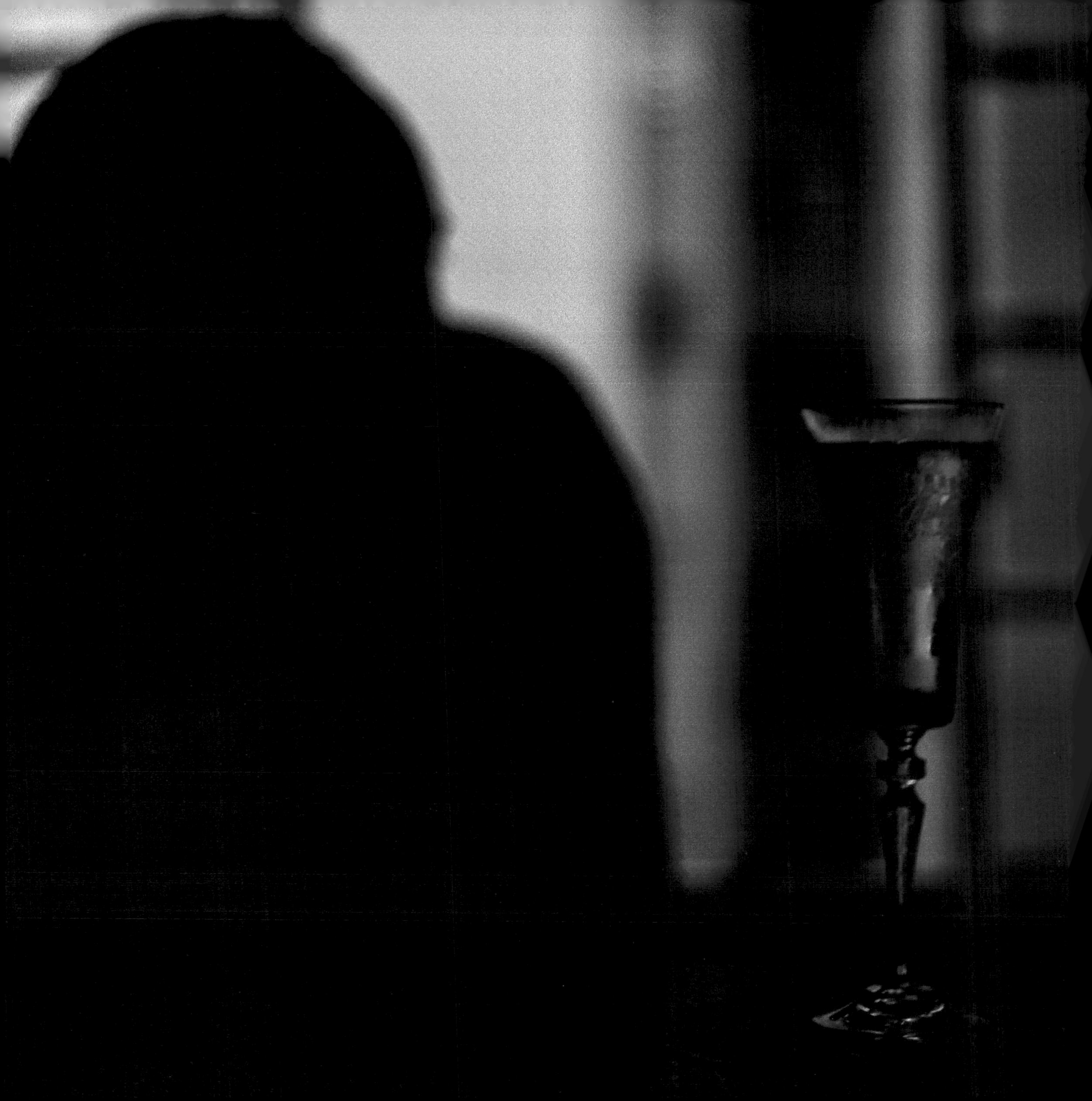

BETWEEN THE SHEETS

Eis aqui um ícone da elegância, que traz frescor e notas adstringentes a um bom conhaque. Indico para receber bem quem você gosta numa tarde de sábado infernal. Embora a versão mais tradicional peça um twist de casca de laranja flambada, eu dispenso o adereço cujo aroma desequilibra a preciosidade. Além de, é claro, ter diminuído pelo menos um pouco o dulçor.

INGREDIENTES

- 60ml Conhaque Napoleon
- 20ml Rum Havana 3 anos
- 20ml Licor Grand Marnier
- 20ml suco de limão siciliano

MODO DE FAZER

Mandar ver na coqueteleira com bastante gelo e servir na taça champagne. Arrase na piscina.

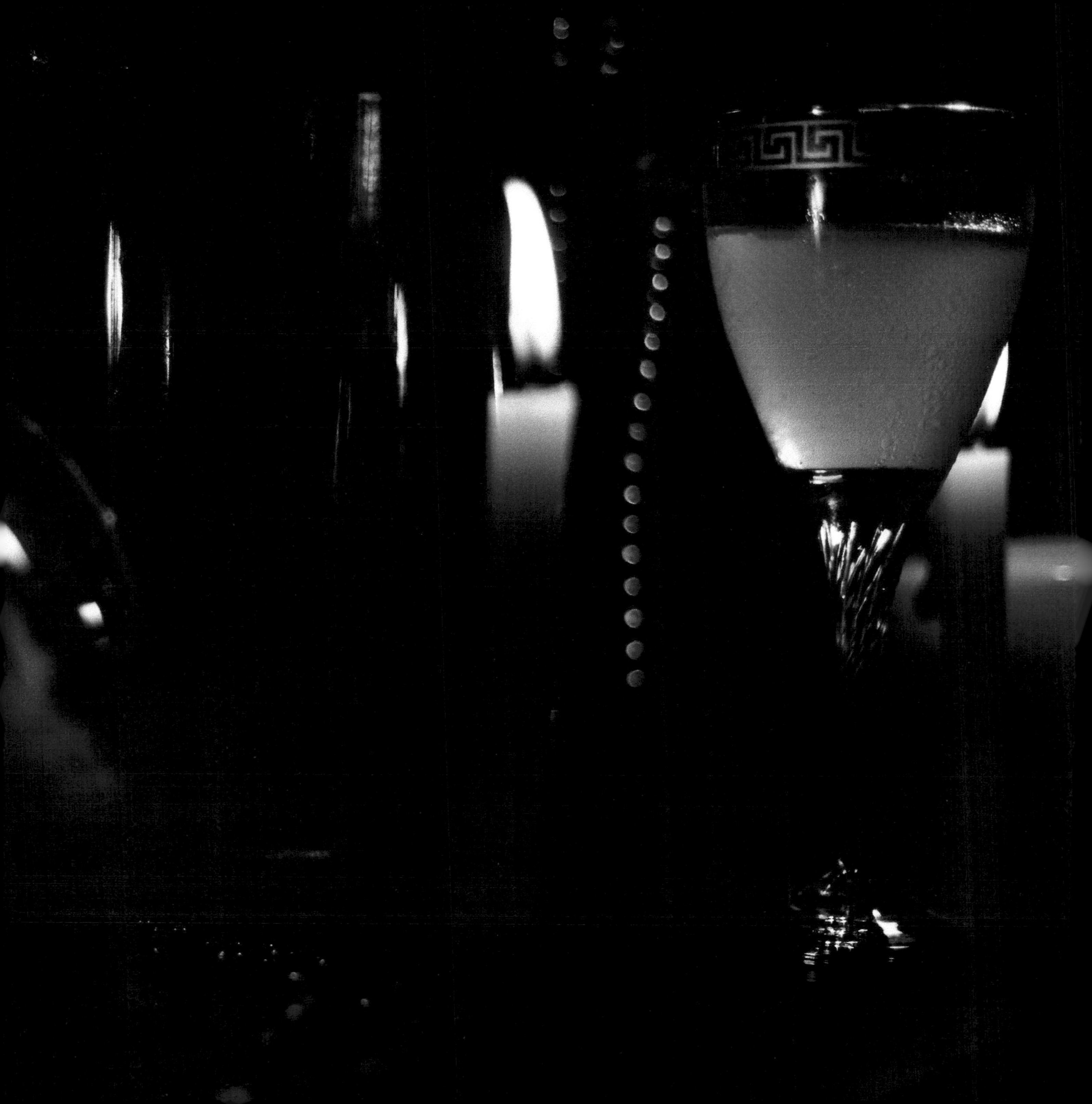

GIMLET

O tema destilado + açúcar + limão sempre volta à pauta porque não tem nada melhor que isso. Quer dizer, pelo menos, pra mim. Mas é claro que o fato do drinque ter se tornado célebre por causa de alguns bons livros de Raymond Chandler acaba adquirindo considerável valor afetivo. Sempre que chega alguém que gosto aqui em casa, já vou logo preparando um Gimlet, com o gim que eu ache que mais tenha a ver com a ocasião. Prefiro os mais abertões. Hoje é com o canadense indicado que bebo enquanto escrevo estas palavras. Se fosse outro dia, seria outro. Só não vale usar bebida vagabunda, plmdds. E não, o meu não leva Rose's Lime Juice.

INGREDIENTES

60ml Gim Ungava

30ml limão siciliano

20ml xarope de açúcar

MODO DE FAZER

Bater com gosto na coqueteleira com gelo gim, limão e xarope. Despejar com dupla coagem na taça coupe previamente gelada e bora lá mandar pra dentro.

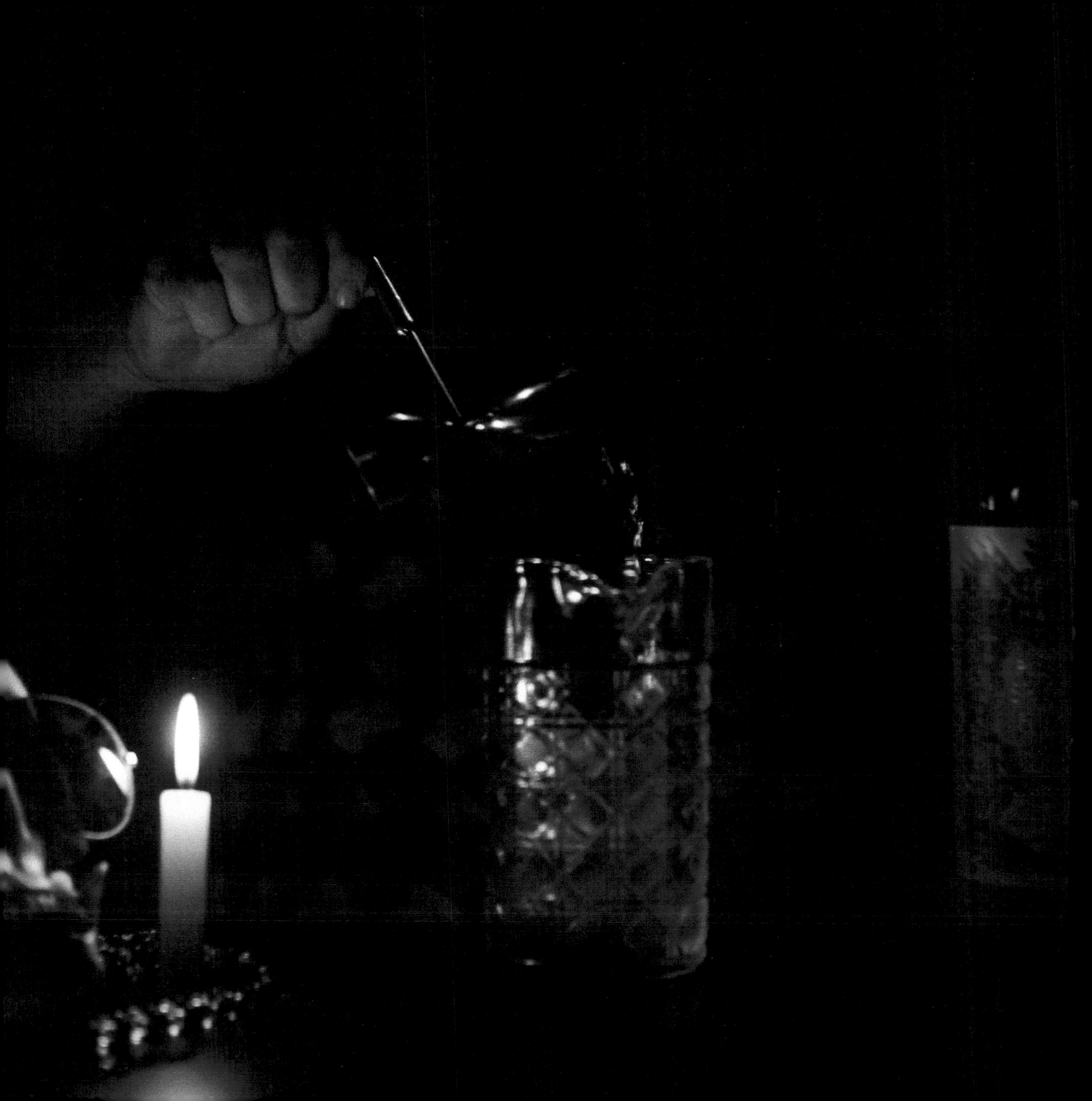

PLANTERS PUNCH

Pra esse, uma dica, em especial. Pegue o maior copo alto que você tiver e duplique a receita. Porque é bom pra cacete e não pararão de te perturbar, pedindo mais. Aliás, por que não uma jarra, que é a natureza dessa espécime de drinque? Existem centenas de versões dela por aí, espero que goste dessa.

INGREDIENTES

60ml Rum Havana 3 anos
10ml Cointreau
10ml Grenadine
30ml suco de laranja pêra
30ml suco de abacaxi (sem ser industrializado, plmdds)
20ml suco de limão siciliano
3 dashes de Angostura
Água com gás

MODO DE FAZER

Com exceção da água, bater com gosto o restante dos ingredientes na coqueteleira com gelo. Despejar no copão alto previamente gelado com gelo. Mexer com delicadeza. Completa com a água com gás e brita uns gelos com a mão pra pôr em cima. Não uso garnish, desnecessário. Mas é permitida a utilização de canudo.

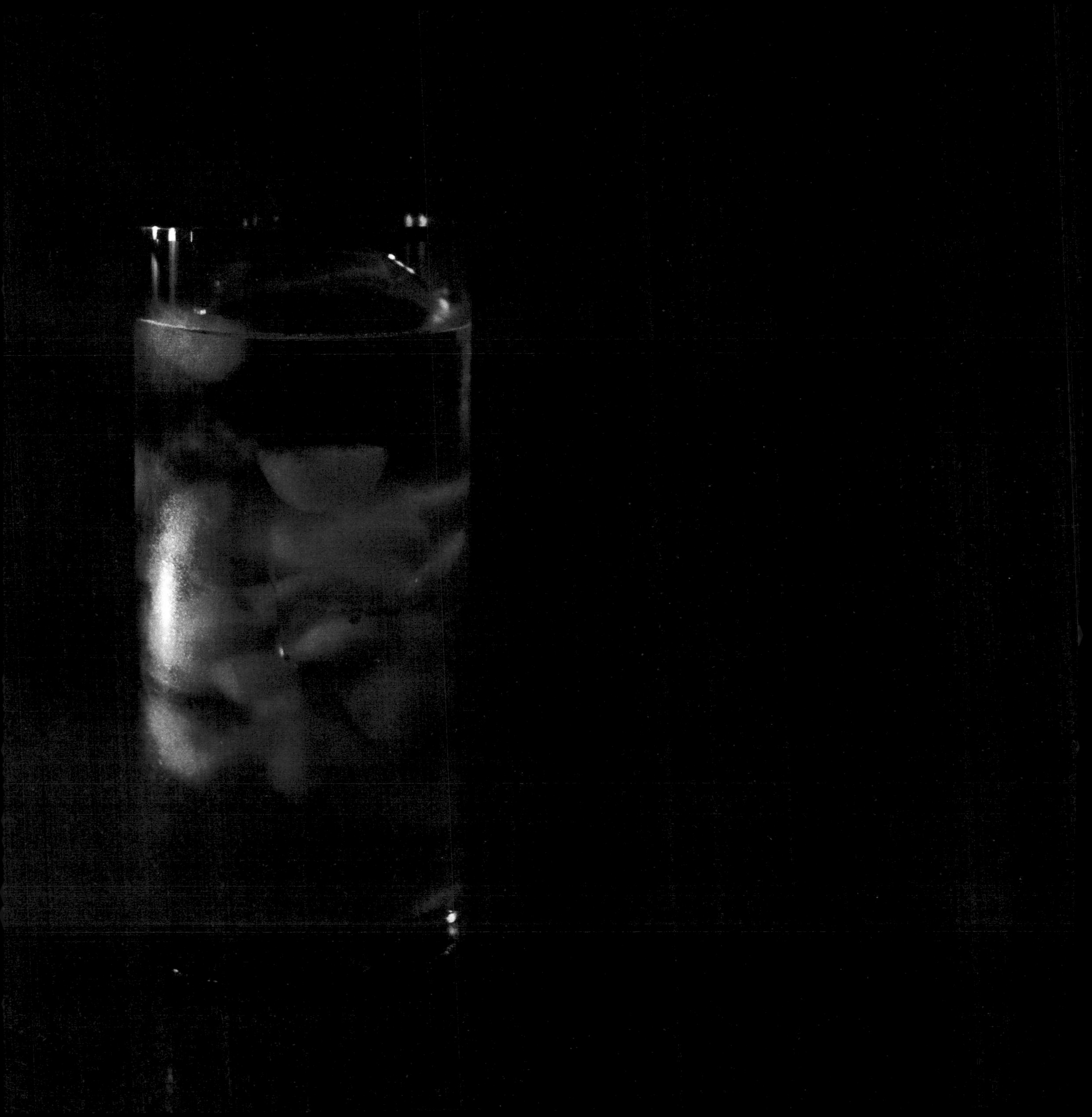

JEREZ TÔNICA

O Jerez é um dos melhores amigos do homem com sede e calor. Esse é pra beber na beira da piscina de clube chique. Até acabar a garrafa, evidente. Depois é só abrir outra. E outra...

INGREDIENTES

60ml Jerez Fino (o mais em conta que achar, nem precisa ser tão chique)

180ml Tônica Fever Tree (vale o investimento nessa ou em outra tônica melhorzinha, creia-me)

Grapefruit (não tenho maturidade para escrever toranja seriamente)

MODO DE FAZER

Encher um copão longo de gelo até a borda. Colocar o Jerez e a Tônica. Mexer com delicadeza e finalizar com meia fatia bem fina de grapefruit. E pronto. Porque nem sempre é preciso ter um puta trampo pra beber bem.

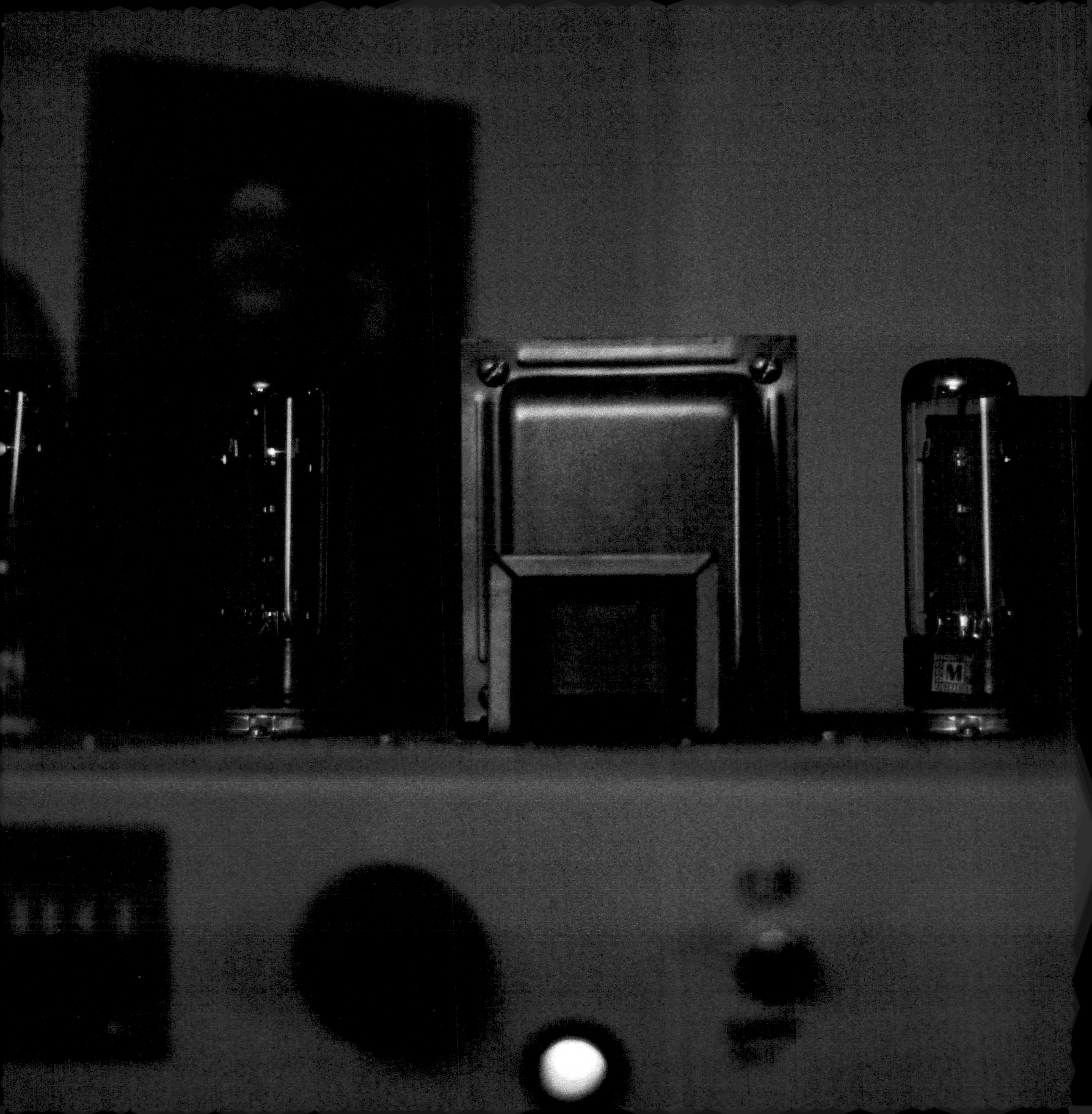

CLÁSSICO É CLÁSSICO E VICE-VERSA

Esse livro não faria sentido sem os clássicos cotidianos bebidos quase que diariamente em casa. Aproveito pra ressaltar que quase todas receitas não autorais foram testadas e mudadas para ficarem mais amargas. Porque de doce já basta a vida. Bons drinques a todos.

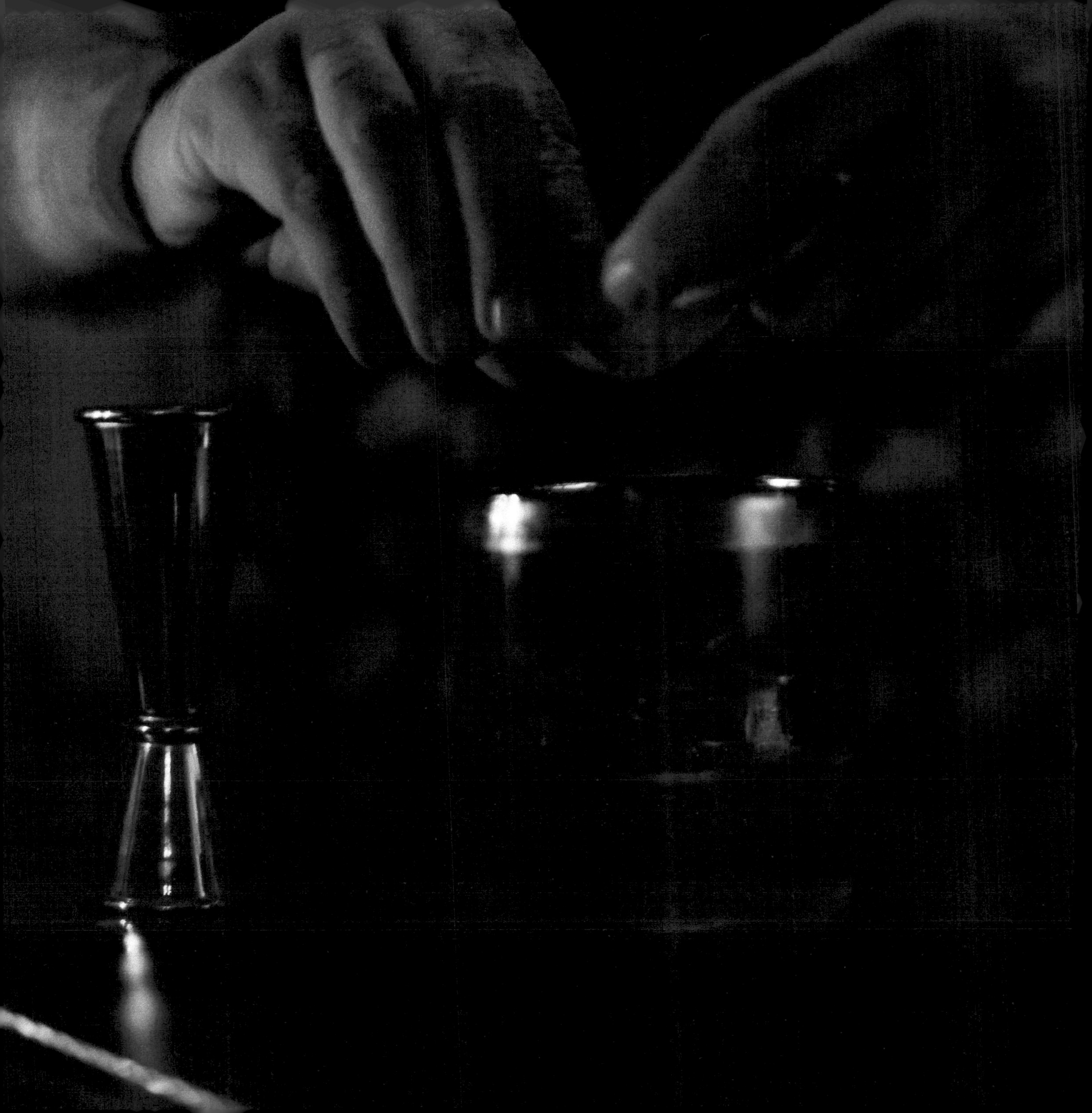

OLD FASHIONED

INGREDIENTES

60ml Bourbon Woodford Reserve

1 torrão de açúcar

2 dashes Angostura

2 dashes Angostura laranja

Laranja Bahia

MODO DE FAZER

Colocar o torrão de açúcar no Mixing Glass previamente gelado e em seguida os dois bitters. Socar até virar uma pasta homogênea. Incluir o Bourbon e mexer mais, até incorporar. Colocar gelo e mexer por uns 30 segundos, até diluir bem. Despejar o líquido no copão baixo gelado e com gelão. Finalizar com garnish de casca de Laranja Bahia, sem esquecer de torcê-la antes, pra cair o óleo dela no drinque. Por anos bebi pelo menos um desses todo santo dia aqui em casa.

DRY MARTINI

Talvez esse seja o drinque com mais pseudo-especialistas do planeta e isso pode irritar um bocado. Minha versão preferida nem é tão Dry, é aquela que leva Gim e Vermouth em proporções iguais e a que mais me embaraça é a que usa apenas três gotas de vermouth, como se fosse um perfuminho. Quem apenas lava a taça com vermouth então por mim poderia ser condenado a passar o resto dos seus dias bebendo no Paris 6. Abaixo, uma versão seca e bem alcoólica que gosto bastante. Ideal para iniciar a noite.

INGREDIENTES

70ml Gin Martin Miller's

20ml Vermouth Dolin Dry

1 dash Orange Bitter Regan's n°6

Casca de Limão Tahiti

MODO DE FAZER

Colocar todo o líquido no Mixing Glass previamente gelado e, em seguida, o gelo. Mexer com gosto – esse drinque jamais deve ser batido, deixa isso pro cinema – e despejar com dupla coagem na taça Martini bem gelada. Finalizar com o óleo e o garnish da casca do limão.

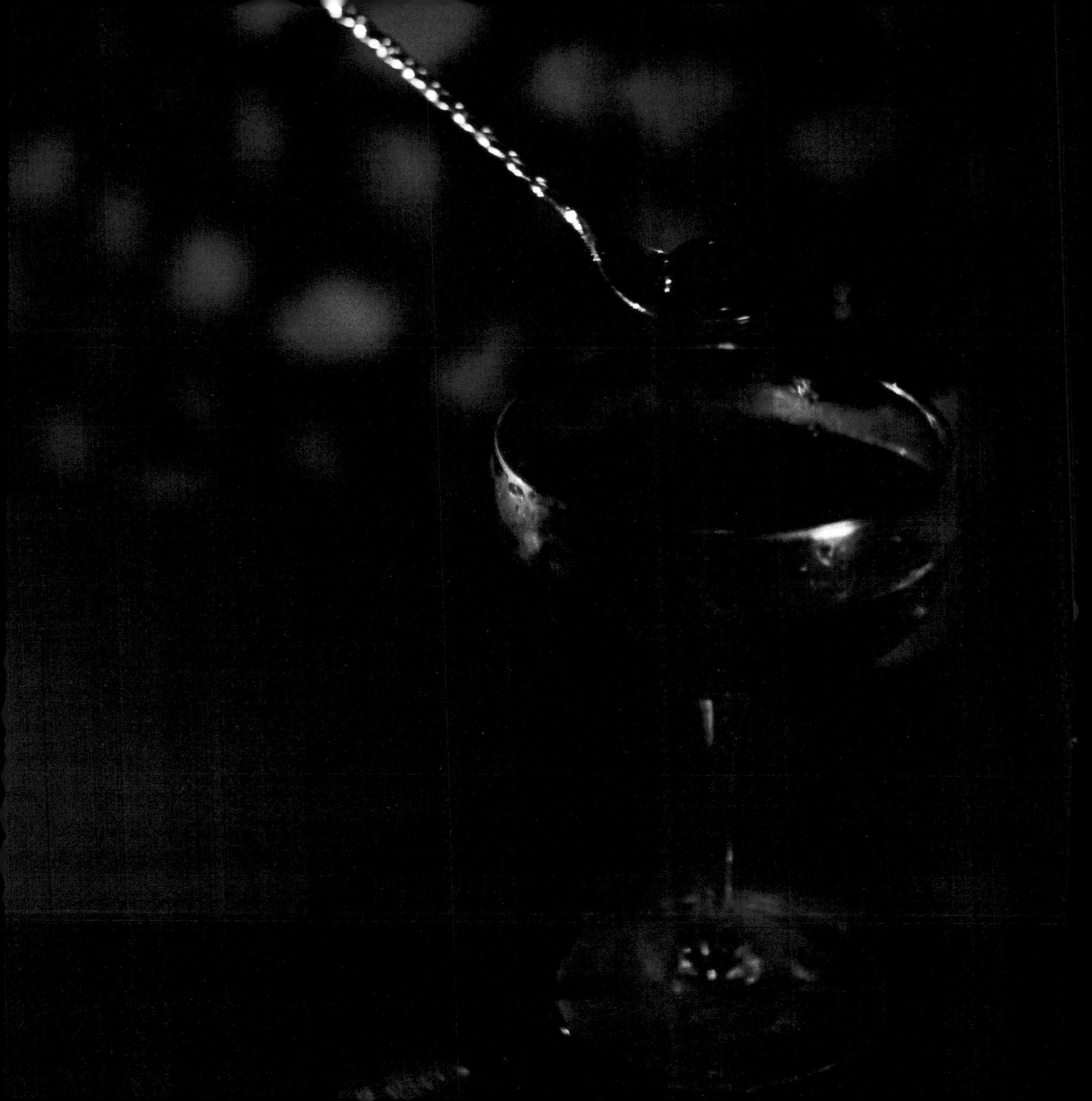

MANHATTAN

Eis aqui uma boa oportunidade para honrar a taça Martini, com um drinque estiloso da porra. Aprecio muito.

INGREDIENTES

60ml Mitcher's Rye

30ml Vermouth Del Professore rosso

3 dashes Boker's Bitter

1 Cereja Amarena

MODO DE FAZER

Colocar o Rye, o Vermouh e o Bitter no Mixing Glass gelado e acrescentar gelo. Mexer com delicadeza e despejar na taça dry gelada. Finalizar com a cereja, que jamais pode ser substituída por cereja chuchu, e mandar bala. Se não tiver grana pra cereja bafo, é permitido fazer a Bela Gil e dar aquela garibada com garnish de Laranja Bahia.

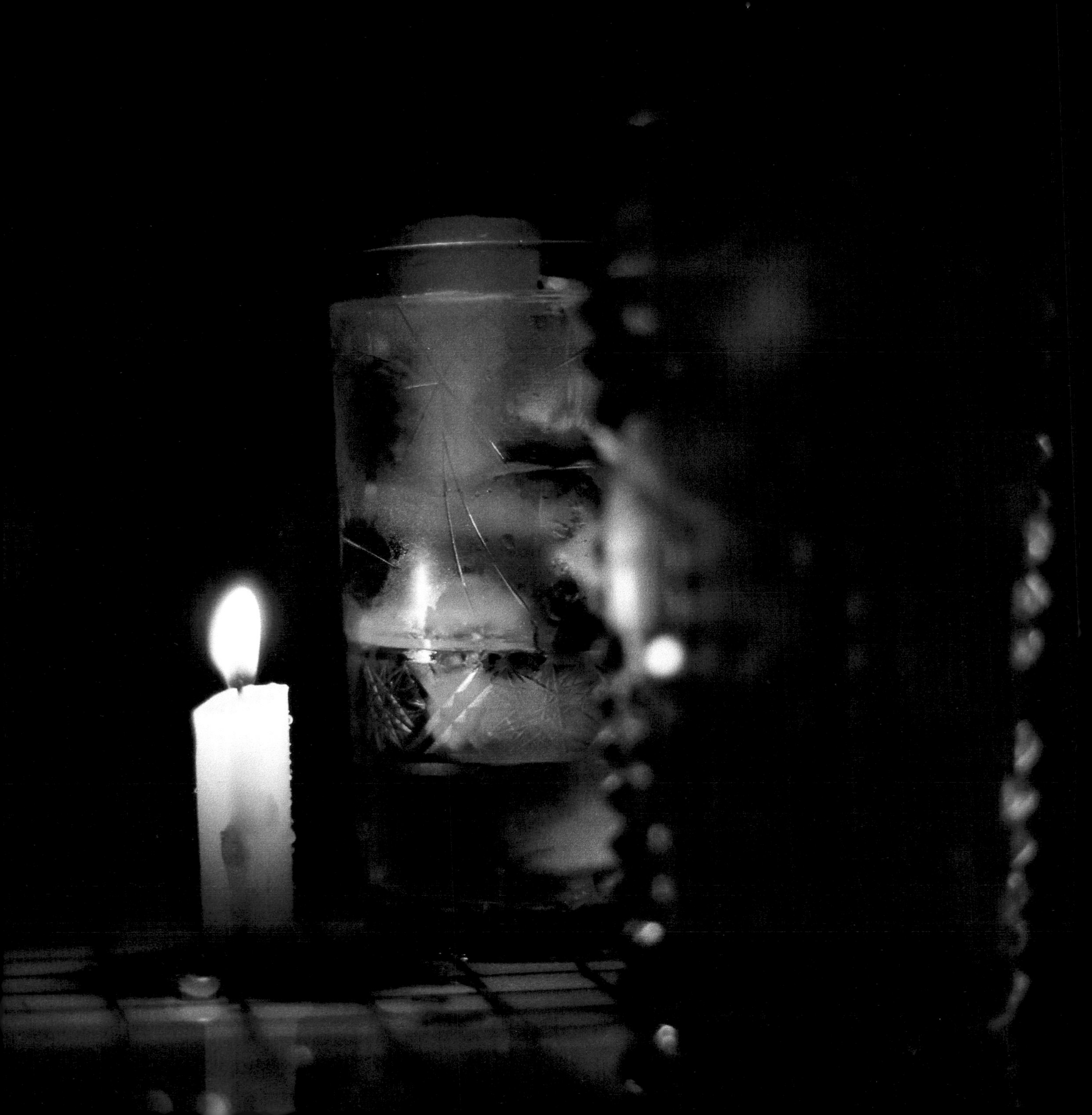

TOM COLLINS

O preferido do meu escritor preferido. E um dos meus preferidos também. Me imagino à beira da morte, numa tarde de uma quarta-feira qualquer, sentado na cadeira de balanço na varanda de meu apartamento na Praça da República, tomando um desses antes do embarque final. Que eu mereça morte tão digna...

INGREDIENTES

60ml Gin Tanqueray Ten

30ml suco de limão siciliano

20ml xarope de açúcar

Club Soda

Casca do limão siciliano

MODO DE FAZER

Colocar gelo até a borda no Copo Collins geladão. Em seguida o Gin, o suco de limão e o xarope. Mexer. Completar com Club Soda e finalizar com a casca de limão siciliano. Bom proveito, boa vida, boa sorte.

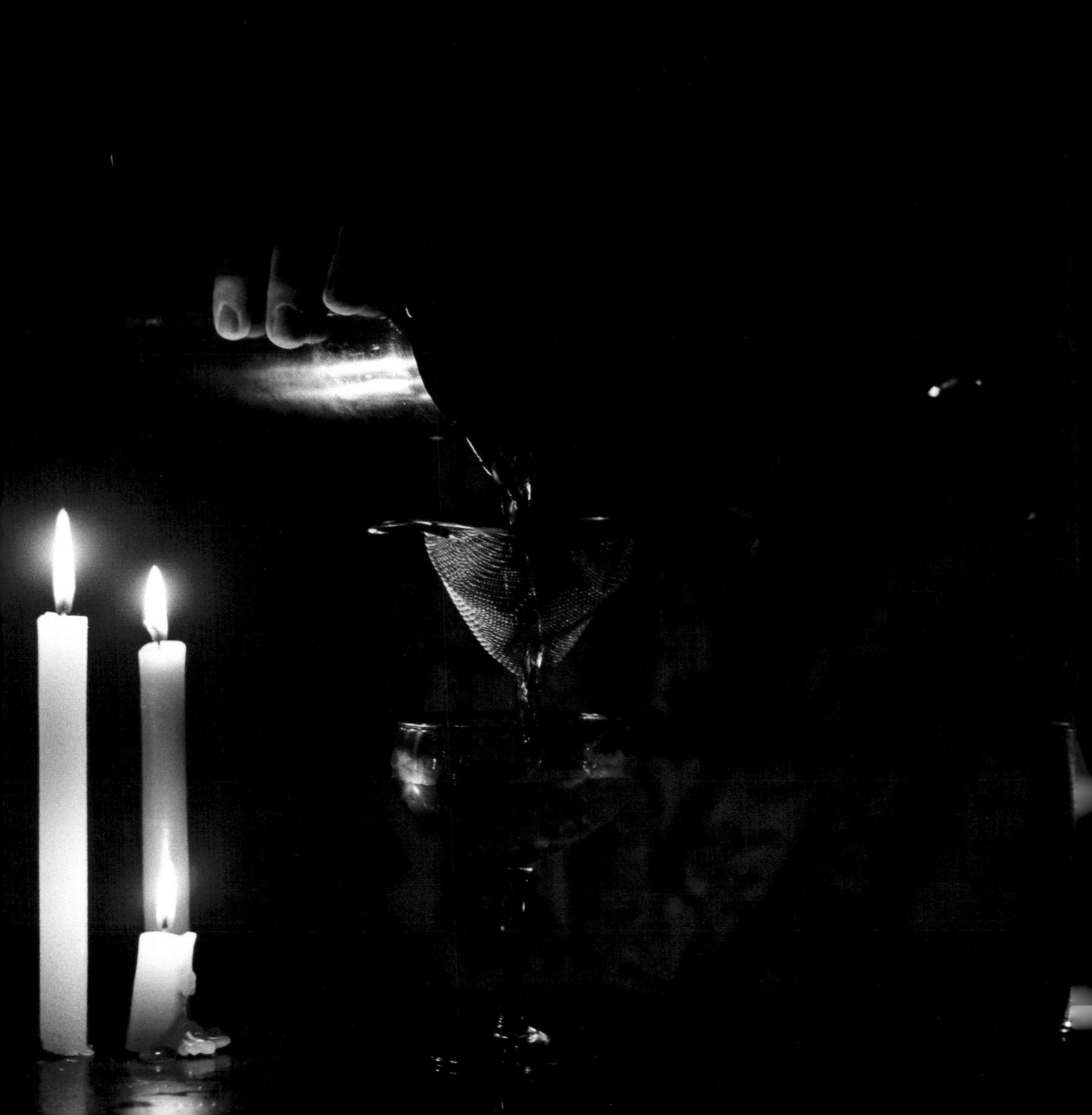

DAIQUIRI

Quer testar a habilidade de um bartender? Peça pra ele fazer pra ti um Daiquiri. Muito mais difícil que um Dry Martini, tudo influencia no equilíbrio do cocktail. Qualidade e estilo do rum, espécie e frescor do limão, a maneira como se adoça, bate e dilui, etc. Tenho vontade de escrever um livro só sobre Daiquiri. Agora, quer testar a sua própria habilidade? Faça Daiquiri até ficar bom de verdade nisso e, a partir daí, comece a se aventurar em outras experiências. Pra mim, em coquetelaria, nada pode ser mais sofisticado que um Daiquiri bem feito e é com uma receita dele que encerro o livro. Espero que ela te ajude em algo e lhe desejo bons drinques, na sua casa, nas casas dos outros, nos bares, onde você quiser. Saúde pra você! (porque a minha já foi pro saco).

INGREDIENTES

60ml Rum Angostura

30ml suco de limão tahiti

15ml xarope de açúcar

MODO DE FAZER

Bater todos os líquidos na coqueteleira com gelo e despejar com dupla coagem na taça coupe. Pronto. Sem garnish, plmdds.

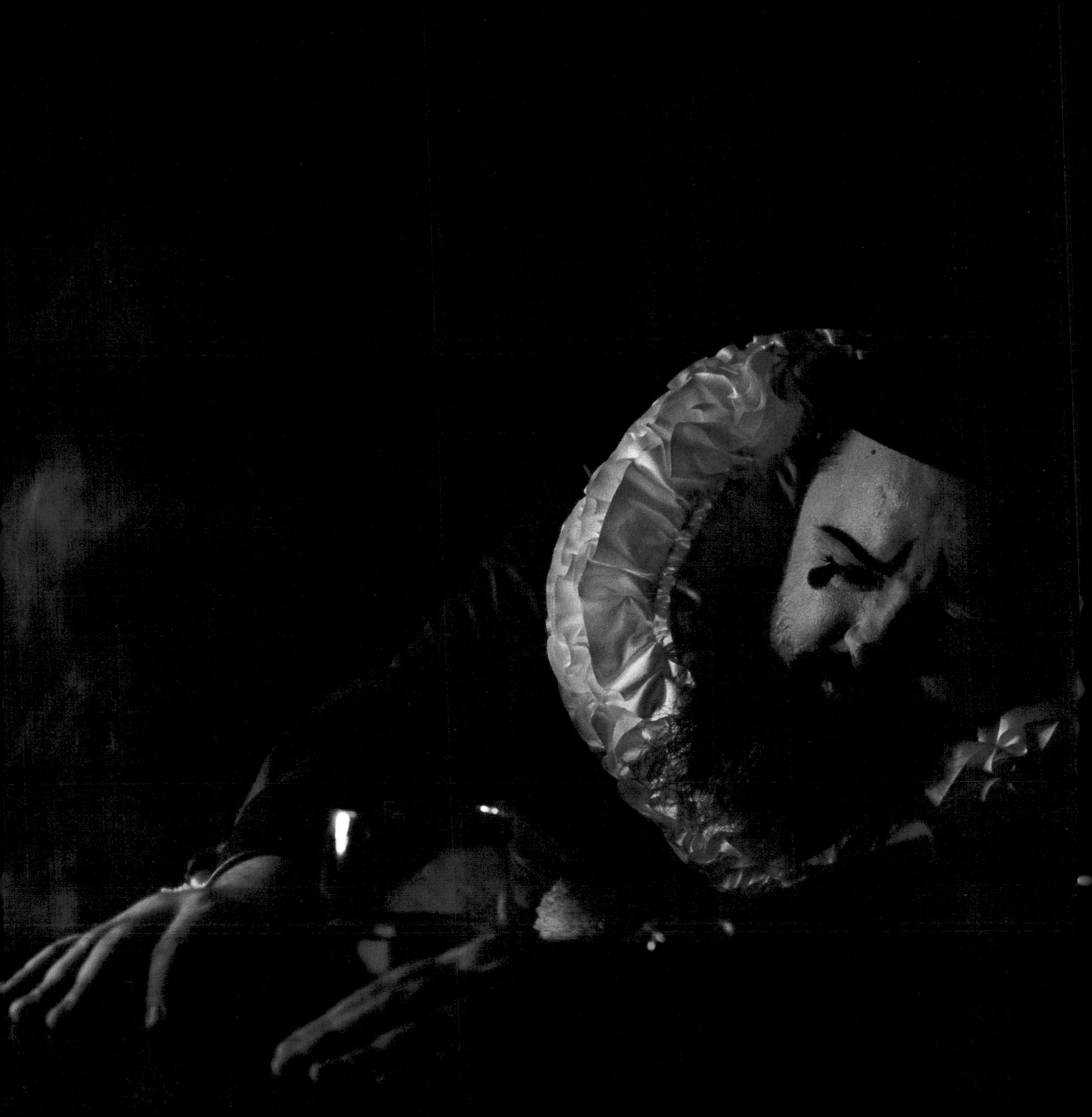

AGRADECIMENTOS

Adriana Mamprin,
Alê Boechat,
André Godoi,
Benny Novak,
Bicudêra,
Carlos Eduardo Miranda (†),
Danilo Nakamura,

Dani Garuti,
Edu Goldenberg,
Fabio la Pietra,
Flávia Piana,
Ivo Kos,
Luyza Satyro,
Janaína Rueda,

Jefferson Rueda,
Giovanna Moretto,
Kennedy Nascimento,
Michelly Rossi,
Rodrigo Macedo,
Talitha Barros

e a todos que tiveram a paciência de beber comigo em casa nesses últimos anos.

Copyright © 2019 Júlio Bernardo
Copyright desta edição © Realejo Livros

Editor
José Luiz Tahan

Revisão
Paulo Rogério e Rodrigo Macedo

Fotografia
Rodrigo Macedo

Figurino
Giovanna Moretto

Maquiagem
Luyza Satyro

Produção
Adriana Mamprin e Alê Boechat

Projeto gráfico
PYNK - Olavo Castanheira

Dados Internacionais De Catalogação na Publicação (CIP)
(Câmara Brasileira do Livro, SP, Brasil)

Bernardo, Júlio
 A mão que balança o copo: cocktails para beber em casa / Júlio Bernardo. -- Santos, SP : Realejo Edições, 2019.

 1. Coquetéis 2. Crônicas brasileiras 3. Receitas
 I. Título

| 19-28161 | CDD - B869.8 |

Índices para catálogo sistemático:

1. Crônicas : Literatura Brasileira   B869.8
Cibele Maria Dias - Bibliotecária - CRB - 8/9427

Realejo Livros
Av. Marechal Deodoro, 2 - Gonzaga
11060-400 - Santos, SP
Tel: 13 3289-4935
tahan@realejolivros.com.br
www.realejolivros.com.br

REALEJO
LIVROS & EDIÇÕES